만나는 사람을 바꿔야
인생이 바뀐다

| 꿈을 찾는 청년들을 위한 최고의 인생 공식 |

만나는 사람을 바꿔야 인생이 바뀐다

조현우 지음

나비의 활주로

부자가 되고 싶으면
부자를 만나라

나는 매일매일 일기를 쓴다. 올해에는 특히 더 신경 써서 세세한 것들까지 기록을 했다. 2016년을 인생의 전환기로 만들고 싶었고, 그 이야기들을 기록해두었다가 많은 사람들에게 들려주고 싶었기 때문이다.

다행히도 2016년의 절반이 지난 지금 이 시점, 나는 꽤 많이 변했다. 누구를 만나도 "제 인생이 많이 바뀌었습니다. 그리고 앞으로 더 바뀔 것입니다"라고 당당하게 말할 수 있을 정도로 많이 바뀌었다. 이러한 변화는 나보다 내 주변 사람들이 더 많이 느끼는 듯하다. 오랜만에 만나는 사람들마다 '그릇이 커졌다', '많이 성장했다', '미친놈 아니냐' 등등 격하게 표현해주는 것을 보면 좋은 쪽으로든 안 좋은 쪽으로든 뭔가 예전과 삶이 달라진 것은 틀림없다.

대체 무엇이 나의 인생을 바꾸어놓았을까? 나도 느끼고, 주변 사람들도 느끼는 모든 변화의 원인을 알고 싶었던 나는 여태까지 써왔던 일기들을 처음부터 다시 정독하기 시작했다. 그러나 한 번, 두 번, 세 번 아무리 읽어봐도 일기에서 특별한 것은 찾을 수 없었다. 그러던 어느 날 출근길에 이영석 대표님과의 첫 번째 만남에서 녹음했던 파일을 들었다.

"만나는 사람을 바꿔. 그래야 네 인생이 바뀌는 거야. 사람은 보고 듣고 느끼는 게 다야."

그 순간 머리가 번뜩였다.

'인생을 살면서 정말 내가 혼자 생각하고, 혼자 깨달아서 선택해온 것들이 얼마나 있었을까? 올해 내 인생이 바뀌게 된 것도 이것과 관련이 있을까?'

문득 가슴이 뛰기 시작하며 여기에서 실마리를 찾을 수 있겠다는 확신이 들었다. 퇴근 후 나는 집에 돌아가자마자 노트북을 켜고 일기를 다시 정독하기 시작했다. 결과는 상상 이상이었다. 올해뿐만 아니라 모든 일들은 작년 말, 아니 훨씬 그 이전부터 연결되어 있었다. 내가 그동안 만나왔던 사람들에 의해 말이다. 그동안 과거의 굵직굵직한 사건들만 간단하게 추려내도 이 사실을 쉽게 알 수 있었다.

공군항공과학고등학교에 입학했던 것은 내 선택이라기보다는 부모님의 선택에 가까웠다. 이 결정은 약 10년째 내 인생에 가장 큰 영향을 미치고 있다. 2013년, 동기 하나가 장교에 지원하는 모습을 보고 나는 계획에도 없던 학사 학위와 자격증을 취득하고 장교로 지원을 했다. 2015년에는 부동산 투자를 하기 위해 황준석 소장님을 만났다가 뜬금없이 난생처음으로 사업을 하고자 마음먹게 되었고, 신태순 대표님을 만나면서 사업과 돈을 어떻게 사용해야 하는지에 대한 고정관념이 깨졌다. 그리고 한국영업인협회의 심길후 회장님과 수강생들을 만나면서 세상을 보는 눈이 바뀌었다. 이영석 대표님과의 천만 원짜리 식사를 통해 세계 최고의 동기 부여 강연자가 되겠다는 구체적인 꿈을 품게 되었고, 평생 친해지기 힘들다고 생각했던 사람들과 가까워질 수 있었으며, 어떻게 살아가야 하는지에 대한 확신이 서기 시작했다. 그리고 이 모든 상황을 겪어가는 과정 속에서 나를 적극적으로 지지해주는 사람들과 응원해주는 사람들이 자연스럽게 생겨나기 시작했다.

나는 이제 더 이상 0.1퍼센트도 내 미래를 걱정하지 않는다. 부자가 되고 싶으면 부자들을 만나면 되고, 행복해지고 싶으면 행복한 사람들과 만나면 된다는 간단한 공식을 꽤 이른 나이에 깨달았기 때문이다. 이 사실을 깨닫는 과정에서 상당한 시간과 경제적인 대가를 치러야 했지만, 덕분에 '만나고 싶은 사람을 만날 수 있는 방법과 지속적으로 친분을 이어가는 방법'을 어느 정도 익힐 수 있었다. 나는 이 사실이 아직 나만의 '생각'에 불과하다고 생각했기 때문에 좀 더 많은 사람들과의 인터뷰를 통해 객관적인 자료를 얻고자 했다. 험난할 것만 같았던 인터뷰 계획은 예상보다 쉽게 끝이 났다. 예외는 없었다. 역시 세상 어느 누구도 다른 사람에게 영향을 전혀 받지 않고 사는 사람은 없었다.

그런 과정을 통해 이 책이 탄생했다. 내가 지난 1년 동안 겪었던 경험과 그 경험을 통해 배운 지식들을 가식 없이 상세히 담았다. 당신이 이 책을 읽고 '지금 만나는 사람'으로 인해 인생이 긍정적으로 바뀌어나가기를 진심으로 소망한다.

조현우

•c o n t e n t s•

1 내 인생을 바꾼 사람들

2 지금 당장 만나는 사람을 바꿔라

1

내 인생을
바꾼 사람들

꿈의 길목에서
가장 먼저 넘어야 할 산, 부모

부모님은 나의 중학교 때 모습을 어떻게 기억할까? 나와 부모님의 입장이 다르다는 것을 어른이 되고서야 나는 겨우 깨달았다.

중학교 시절, 나는 성적이 반에서 40퍼센트 정도였다. 부모님이 이런 아들에게 무슨 꿈과 새로운 미래를 심어줄 수 있었을까? 그야말로 답이 없었을 것이다. 부모님이 그토록 공군항공과학고등학교를 들어가라고 한 이유를 성인이 된 뒤에야 어렴풋이 이해할 수 있었다. 그렇다고 포기해버릴 만큼 공부를 아예 못한 것도 아니었으니 나와 부모님 모두 헷갈리기는 마찬가지였다. 고등학교에 입학하면 사교육비가 만만치 않게 들어갈 테고, 비싼 돈을 들여 학원에 보내고 과외를 시킨다고 해도 좋은 대학을 갈 수 있다는 확신을 갖기 어려웠다. 그렇다고 공부를 하지 말라고 할 수도 없고 애써 하라고 하기도 모호한 어중간한 상태, 그게 바로 나라는 아이였다.

집안엔 돈이 많지 않았다. 많기는커녕 싱가포르에 있는 누나의 유학비만 해도 굉장한 부담이 되는 상황이었다. 게다가 2년마다 올라가는 아파트 전세금을 충당해내기 위해 빚만 쌓여갔다. 그러던 와중에 공군항공과학고등학교에서 내가 다니던 중학교로 홍보를 하러 나왔다. 나는 수업을 땡땡이치기 위해 들으러 갔던 홍보교육에서 전단지 하나를 받아 가방에 넣어두었다. 물론 그날도 집에 가자마자 가방을 방에 던져놓고 친구들과 PC방에 갔다. 그런데 집에 돌아와 보니 부모님이 그 홍보 전단지를 들고 계셨다. 부모님은 한껏 상기된 얼굴로 이렇게 말씀하셨다.

"현우야, 너는 이 학교에 무조건 가야 돼. 여기가 너의 미래다."

전단지 속에 기재된 학교에 대한 설명은 부모님의 상황에서 볼 때 완벽 그 자체였다. 성적에 관계없이 졸업만 하면 전교생이 100퍼센트 공군 부사관(공무원 9급 상당)으로 임관, 학비도 전액 지원, 심지어 용돈까지 프리미엄으로 준비된 학교가 우리나라에 있었다니 놀라울 따름이었다. 그뿐만이 아니었다. 전원

기숙사 생활을 하기에 사교육비도 따로 들지 않을뿐더러 그중 성적이 높은 학생은 대학교 위탁교육까지 보내주는, 그야말로 판타스틱한 교육 시스템이었다.

학생 개개인에게 들어가는 세금이 있기에 의무 복무가 7년으로 길긴 하지만 일반적인 절차를 밟아 들어가는 공군 부사관들과 달리 장기 복무 심사를 거칠 필요가 없었다. 큰 사고만 없다면 평생 직업군인으로 살 수 있었다.

가장 매력적인 것은 군인연금이었는데, 55세에 정년퇴직을 하면 300만 원 내외의 연금이 퇴직 후부터 곧바로 나오는 것이었다. 부모님이 없는 돈을 써가면서 공군항공과학고등학교 시험 네 과목의 과외를 시켰던 것도 바로 이 때문이었다. 합격을 했으니 망정이지 떨어졌으면 꽤나 미움을 받지 않았을까 싶다.

학교에 입학할 당시 경쟁률은 약 25 대 1이었다. 고등학교 경쟁으론 압도적인 수준이었다. 게다가 합격자들 중 3분의 1은 일 년 전 실패해 재도전한 학생들이었다. 일 년을 동기들보다 더디게 다니더라도 들어가고 싶을 만큼 메리트가 높은 학교였던 것이다. 내신이 포함되지 않아 누구나 지원 가능했던 점도 경쟁률을 높인 이유였다. 이 수치만 놓고 보더라도 취업을 하기가 얼마나 힘들고, 사람들이 얼마나 안정적인 직장을 선호하는지 알 수 있었다. 사회생활을 나보다 한참 먼저 하고 계시던 부모님들은 그래서 더욱더 나를 안정된 직장에 앉히고 싶어 하셨던 것이다. 안정적인 직장은 그때나 지금이나 항상 선망의 대상이다.

학교에 입학하고 3년 후 드디어 지옥 같기도 하고, 나름 재미 있기도 했던 기숙사 생활을 마치게 되었다. 고등학교 졸업과 동시에 나는 그토록 바라던 임관을 했다.

부사관으로 임관할 때에는 개인별로 각자 특기(직무)를 선택하게 된다. 처음 고등학교를 입학했던 때처럼 졸업 후에도 인생의 중대사를 혼자 선택할 정도로 성숙하지 못했던 나는 한 번 더 부모님에게 물어보았다. 그리고 중학교 때 부모님이 나의 고등학교 3년 생활을 결정해주셨던 것처럼 또 한 번 부모님의 선택에 의해 성인이 된 후 5년 동안의 인생을 결정하게 되었다. 그렇게 큰 마찰 없이 그동안의 노력에 대해 부모님, 친척들, 친구들의 축하와 위로를 받으며 평생 '안정적인' 직장으로 무사히 안착했다.

그때까지만 해도 내가 그토록 꿈꾸던, 부모님께서 꿈꾸던 일들이 현실로 이루어졌다고 생각했다. 세상을 다 가진 것만 같았다. 앞으로 더 이상 살아가면서 큰 걱정과 마주하게 될 일은 없을 줄 알았다. 그러나 현실은 내가 생각했던 것과 너무도 달랐다.

임관 후 처음 일하게 될 사무실에 배정을 받고 한 달 정도 지났을 무렵, 나는 현실 부정이라는 늪에 빠져버리고 말았다.

'사람들이 이런 곳에서 평생 일을 한다고, 정말?'

일이 시작되던 첫날, 이해 불가한 일도 함께 시작되었다. 분명 출근시간은 오전 8시로 되어 있고 퇴근시간은 저녁 5시였는데, 아무리 늦어도 오전 7시까지는 출근하라는 지시를 받았다. 분명 원칙에 어긋나는 것이었는데 이런 지시를 당연하게 받아들이는 사람들의 모습은 충격적이었다. 그래도 견디다 보면 뭔가 달라지겠지 싶었다. 이런 기대가 무의미하게도 본격적으로 업무를 배우기 시작했을 때에는 오히려 일에 대한 열정이 바닥으로 떨어져 있었다. 꿈꾸던 세상과 현실 사이에는 넘을 수 없는 큰 벽이 놓여 있었다.

초기에 일을 배우면서 가장 많이 했던 말은 "죄송합니다"였다. 그러다 보니 어느새 출근하는 것 자체가 잘못된 것처럼 느껴졌다. 혼나는 일이 업무시간 중 가장 큰 비중을 차지할 정도였으니 말이다. 오죽하면 업무를 시작하기 전 마음의 준비를 하기 위해 업무 수첩에 '혼나기 또는 욕먹기'라는 미션을 적어둘 정도였다. 일을 어떻게 하면 효율적으로 잘할 수 있을까에 대한 고민보다 어떻게 해야 조금이라도 덜 혼날 수 있을까 생각하는 것이 나의 업무가 되어버렸다. 결국 출근하는 것 자체가 두려워질 지경에 이르고 말았다.

'처음이니까 그렇겠지. 시간이 지나면 괜찮아질 거야. 아직 업무 처리를 잘 못해서 그런 거지 배우고 나면 지금보다 훨씬 수

월해지고 재미도 생길 거야,'

늘 그렇게 자신을 위로하곤 했다. 그렇게 일 년이 지났다. 맡은 업무에 있어서도 어느 정도 적응이 되기 시작했고, 사회생활에 대해서도 좀 더 파악이 되었지만 삶이 힘든 것은 여전했다. 퇴근을 하면 아무것도 할 수 없는 상태가 되었고, 지쳐 쓰러져 잠들 때마다 일만 하기 위해 태어난 기계처럼 느껴졌다. 일에 대한 자부심? 보람? 그런 것은 존재하지 않았다. 가장 중요한 사실은 하루 종일 하기 싫은 일을 억지로 해야 한다는 것뿐이었다. 꿈도, 이상도 없이 그저 시키는 일만 하는 게 다였다.

일주일 중 5일을 하루 열 시간 이상씩 정해진 곳에서 일을 했다. 하기 싫은 일을 억지로라도 즐겁게 해보라는 어른들의 말은 마치 지옥에 들어가서 신나는 노래를 부르라는 것같이 들렸다. 어른들은 열정을 좀 가지고 일해보라고 했지만, 하기 싫은 일에 어떻게 열정이 생기는지 이해가 되지 않았다.

얼마 지나지 않아 이곳에서 평생 일하는 것은 불가능하다는 결론을 내렸다. 내 삶이 전혀 행복하지 않았기 때문이다. 아니, 절대 행복할 수 없었다. 지옥 같은 현실은 이 일을 그만두지 않는 이상 절대 변하지 않을 것 같았다. 출근해 있는 동안은 죽어 있는 시간 같았다. 살아 있는 느낌이 아니었다. 깨어 있는 하루 시간의 절반 이상을 죽도록 하기 싫은 일로 채우고 있었다.

하루빨리 이곳에서 벗어나야겠다는 생각이 강하게 들기 시작했다. 이런 고민이 얼마나 나 자신을 괴롭히고 고통스럽게 만드는지 너무나 잘 알고 있었다. 이 일은 평생 경제적 안정은 줄지 모르지만, 정신적 안정은 절대 줄 수 없었다. 그때 결심했다.

'어차피 돈은 행복하기 위한 수단 아닌가? 정신적으로 행복하지 못하면 경제적으로 안정적이어봤자 의미가 없다. 행복할 수 있는 일을 하자.'

학교를 갓 졸업한 스무 살, 당시 유일하게 기댈 수 있는 곳은 부모님뿐이었다. 그래서 이 일에서 벗어나야겠다고 결심했을 때 제일 먼저 했던 것은 부모님의 의견을 묻는 것이었다. 지금과 같은 상황에 대해 이야기하고 조언을 얻어야 했다. 당시 나는 너무 어렸고, 부모님이 자식을 사랑한다면 당연히 나의 힘든 상황에 공감하고 어떤 일을 하든 응원해줄 거라 믿었다.

나는 서울로 올라가 부모님께 그동안 생각한 것들을 차근차근 이야기하기 시작했다. 아마 동정표를 얻기 위해 약간의 과장도 곁들였을 것이다.

과연 어떤 대답이 나왔을까? 부모님의 대답은 지금 생각해보면 당연한 것인데, 당시로서는 만족스럽지 않았다. 스무 살이나 된 아들이니 아이처럼 심하게 혼내지는 않으셨지만 서로의 의견이 충돌하며 결국 언성이 높아졌다.

"바깥세상이 얼마나 힘든지 아니? 네가 사회생활이 얼마나 힘든지 몰라서 그래. 직장을 다니고 싶어서 다니는 사람이 어디 있어. 다 먹고살려고 다니는 거지. 좀 더 시간이 지나면 적응될 거야."

"밖은 위험하니까 우물 안 개구리처럼 살라고? 난 그렇겐 못 살아."

일 년을 넘게 고통 속에서 다녔는데 더 참아보라니…, 절대 그럴 수 없었다. 어차피 의무 복무를 지키기 위해 6년을 더 근무해야 했지만, 시간이 지나면 적응될 거라는 말은 절대 인정하기 싫었다. 10년을 넘게 다닌 선임들을 볼 때마다 느낀 것은, 같은 곳에서 일하지만 다른 삶을 살고 있다는 사실이었다. 같은 곳에서 같은 일을 하는데 정말 자신이 하는 일에 보람을 느끼고 열정을 쏟는 사람과, 마지못해 출근해 하루하루를 버티는 사람은 눈빛부터 말투, 행동 등 모든 것이 달랐다.

나는 내가 사랑할 수 있는 일을 하고 싶을 뿐이었다. 아들이 이렇게까지 힘들다고 하는데 부모님은 오히려 언성을 높이셨다. 부모님은 나를 이해하지 못하셨고, 그런 부모님을 나 역시 이해하지 못했다. 서러웠다. 부모님과 대화를 하고 나면 지금 내가 생각하고 있는 모든 인생의 방향들이 잘못된 것처럼 느껴졌다.

'내가 정말 틀린 것일까? 부모님 말씀대로 그냥 힘들어도 여기에 적응하고 사는 것이 정말 행복해지는 길일까? 나는 지금 제대로 살고 있는 것일까? 삶에서 정말 꿈이 가장 중요하긴 한

것일까? 일단 좀 더 버텨봐야 하는 것일까?'

이렇게 고민을 하다가도 출근을 하고 나면 그런 생각이 싹 달아났다. 도저히 이렇게는 못 살겠다는데 부모님은 왜 자꾸 반대를 하시는 건지 화가 났다. 물론 내 선택이고, 경제적으로도 독립을 했기에 굳이 부모님의 동의를 얻을 필요는 없었다. 하지만 나는 내 삶도, 부모님의 진심 어린 응원도 포기하기 싫었다. 성공하는 사람들 치고 부모님의 반대를 무릅쓰지 않은 사람이 없다지만 나는 그렇게 되기 싫었다. 그래서 방법을 모색했다. 말로 설득할 수 없다면 행동으로 보여주기로 했다.

그 후로 주말마다 집에 가서는 거실에 나가지도 않고, 방에서 계속 책을 보거나 강의를 들은 후 과제만 했다. 외출할 때에는 어디에 가는지 말하고 나갔다.

"나 레슨 받으러 갔다 올게."

"강의 듣고 올게."

"컨설팅 받고 올게."

굳이 부딪혀서 전면전을 하기보다 호기심을 불러일으키는 전술을 택한 것이었다. 부모님에게 '저렇게 열심히 하면 뭐라도 하겠다'는 생각을 심어주고 싶었다. 아버지도, 어머니도 결국 살아온 경험과 겪어왔던 사람들을 통해 느낀 것을 나에게 강요하는 것이었다. 그러므로 '아들은 여태까지 우리가 봐왔던 실패했던 사람들과 다르구나'라는 새로운 생각을 심어주는 게 목표였다.

작전은 성공한 듯했다. 이런 생활이 몇 개월 지속되자 부모님은 내가 하는 일에 본격적으로 궁금증을 드러내시기 시작했다.

"무슨 레슨 받으러 다니는 거야?"

"뭐 배우는 강원데?"

"누구한테 무슨 컨설팅을 받으러 가는 거야?"

드디어 노력을 인정해주는구나 싶어 자세히 설명해주면 기대와는 다르게 부모님의 궁금증은 다시 응원이 아닌 잔소리로 바뀌었다.

"쓸데없는 데 돈 쓰고 다니지 말고, 그럴 돈 있으면 저축이나 해."

부모님은 여전히 날 이해하지 못했다. 생각보다 쉽지 않은 싸움이었다. 결국 마지막이라는 생각으로 다시 한 번 대화를 시도했다. 이번에는 최대한 흥분하지 않고 목소리를 낮췄다. 결국 이 대화마저도 서로의 잔소리로 끝이 났지만, 마지막이라고 생각했던 대화를 통해 깨달은 중요한 사실이 있다. 더 늦기 전에 이 사실을 깨달은 것은 다행이었다. 그것은 바로 '생각보다 우리는 서로를 많이 이해하고 있었다는 것'과 '어차피 이런 식의 대화로는 끝이 없다는 것'이었다.

서로를 전혀 이해하지 못하는 것처럼 보였던 부모님과 나는 오히려 각자의 역할을 철저히 잘 수행하고 있었다. 부모님은 부모님대로 자식의 인생에 대한 책임과 애정을 갖고 있고 나는 나대로 내 삶에 대한 책임이 있는 것인데, 나는 오히려 부모님의 책임을 전혀 이해하지 못하고 내 마음만 편하고 싶어 했던 것이다.

부모님은 내가 성공을 하든 실패를 하든, 돈을 많이 벌든 적게 벌든 평생 내 걱정을 하며 살 것이다. 마흔 살 먹은 아들에게도 차 조심하라고 말하는 게 부모의 마음이라고 하지 않던가. 그 사실을 깨닫고 나자 부모님의 잔소리가 오히려 감사하게 느껴졌다. 마음은 가벼워졌고 부모님과 더 깊고 진솔한 이야기도 가능해졌다. 살면서 전혀 들어본 적도 없고, 생각해본 적도 없는 아버지의 젊은 시절 꿈을 알게 되었고, 부모님이 왜 안정적인 직장을 그토록 중요하게 생각하시는지 대화를 통해 이해하게 되었다.

내가 밖에서 만나는 사람들을 통해 보고 배운 경험과 느낀 점을 부모님은 절대 이해할 수 없을 것이다. 사람은 언제나 본인의 경험을 토대로 생각하기 마련이니까. 그런데 만약 내가 성공하게 된다면 부모님은 나로 인해 세상을 보는 관점을 바꾸게 될 것이라고 생각했다. 계속 말로 설득해봐야 싸움만 길어질 뿐이었다. 결과로 보여주는 방법밖에는 없었다.

어떻게 보면 부모는 내가 꿈을 이루기 위해 가장 먼저 넘어야 할 산인지도 모른다. 사실 부모님이 아닌 이상 나를 100퍼센트 진심으로 걱정해줄 수 있는 사람은 이 세상에 없다. 아무리 친한 친구라 한들 나의 미래를 책임져줄까? 어림없다. 부모가 자식한테 하는 것처럼 계산 없이 철저히 나눠주는 관계는 어디에도 존재하지 않는다.

가령 친구에게 내 생각을 설득하기는 쉽지만, 부모님을 설득시키기는 굉장히 어렵다. '그래, 그냥 네 맘대로 해. 굶어 죽기야 하겠냐'라며 용기를 줄 수 있는 말은 친한 친구라면 쉽게 해줄 수 있지만 부모님의 입에서는 절대 나오기 힘든 말이다.

다행히도 5년 전 처음 군을 제대하겠다고 말을 꺼냈을 때와 지금 부모님의 반응은 비교도 안 될 만큼 많이 달라졌다. 이제 부모님은 넘어야 할 산이 아니라 가장 든든한 지원군이다. 내 꿈에 든든한 지원군이 있다는 사실이 너무 행복하다.

부모님의 열렬한 응원 덕분이었을까, 육체적으로는 이루 말할 수 없을 만큼 힘들었지만 잡생각을 버리고 최선을 다해 미래를 준비할 수 있었다. 이제는 열심히 하라며 책도 선물해주시고, 유튜브에서 좋은 강의까지 추천해주신다. 부모님도 내가 매일 책을 읽는 것을 보고 영향을 받으셨는지 시간이 날 때마다 독서를 하신다. 너무나 감사하고 행복한 일이 아닐 수 없다. 심지어 요즘에는 유튜브로 강의를 찾아 듣기도 하신다. 예전 같았으면 정말 상상도 못했을 변화다. 이 변화들은 절대 하루아침에 이루어진 것이 아니다. 나는 정말 힘들었던 지난 5년 동안 끊임없이 노력하는 모습을 보여드렸다. 미래를 준비하는 과정 동안 의식적으로 행복하게 사는 모습과 항상 확신에 찬 모습을 보여드렸기에 가능해진 일이다.

지금 생각해보면 내 인생의 가장 큰 중대사는 부모님의 결정이 절반 이상을 차지해왔다. 고등학교에 들어갈 때에도, 5년 동안의 군 생활을 좌지우지할 특기를 결정할 때에도, 장교로 지원해 새로운 세상을 볼 수 있게 된 데에도 결정적으로 부모님의 영향이 컸다. 이런 이유로 너무 힘들 때에는 가끔씩 부모님이 원망스럽기도 했다. 하지만 어쩔 수 없었다. 대부분의 사람들은 부모님의 영향을 가장 많이 받을 수밖에 없으니 말이다. 반대로 부모님이 내 꿈을 응원해주기 시작하면 엄청난 힘을 받을 수 있다. 감개무량하게도 지금의 내 상황이 정확히 그렇다. 오늘도 집을 나서는데 부모님이 이런 말씀을 하셨다.

"현우야, 너무 무리하지 말고……. 엄마, 아빠가 항상 응원할게, 파이팅!"

부모님이라는 히든카드를 언제나 잘 사용하기 바란다. 부모님조차 감동시키지 못할 정도의 노력이라면 어차피 그 꿈은 이루어질 가능성이 적다. 주변을 둘러보면 본인의 꿈을 찾고 싶다고 말하다가도 결국 부모님의 반대에 부딪혀 현실에 안주해버리는 사람들이 많다. 다시 말하지만 부모는 자식의 인생에 대해 책임감을 느끼기 때문에 안정적인 직장을 권유할 수밖에 없다.

자식의 불편과 불만을 모두 알아주지는 못해도 마음만은 같다. 안정적인, 불안하지 않은 삶을 살길 바라는 마음 말이다.

조금은 잔인하게 들릴지도 모르겠지만, 그래도 우리는 스스로의 삶에 대한 책임이 있기 때문에 꿈을 향해 나아가야 한다. 대부분의 부모들은 본연의 책임을 충분히 수행하고 있다. 방법이 어떠하든 간에. 그러므로 우리는 부모님의 핑계를 댈 생각 말고 우리에게 주어진 시간에 꿋꿋이 최선을 다해야 한다.

항상 나를 응원해주는
책에서 만난 저자들

내가 본격적으로 책을 읽기 시작한 것은 군 생활을 시작한 지 1년쯤 지난 후부터였다. 나에게 책은 적까지는 아니더라도 절대 친구는 될 수 없다고 느껴지는 존재였는데, 알고 보니 친구가 되지 못할 이유는 하나도 없었다.

　제대를 앞두고 이대로 살아서는 안 되겠다는 생각이 들었을 때 뭐라도 해야 마음이 편할 것 같은데 도대체 뭘 해야 할지 전혀 감이 잡히지 않았다. 이에 대한 해결책을 찾기 위해 처음으로 했던 것이 바로 독서다. 책을 읽으면 친구들과의 대화 주제가 더 생기지 않을까 싶은 생각도 있었다. 고등학교 때부터 군대에 있다 보니 항상 민간인 친구들과 만나면 대화의 소재가 부족했다. 하루 종일 군대에만 있으니 군인이 아닌 사람들과의 관계에서 제대로 된 소통이 이루어질 리가 없었다. 그러다 보니 이야기가 뚝뚝 끊기고 자연스럽게 민간인 친구들과 만나는 일이 적어졌다.

독서를 하려고 마음먹긴 했는데 워낙 평소에 책을 멀리하다 보니 서점을 가도 무슨 책을 읽어야 할지 감이 오지 않았다. 그러다 뭔가 멋있게 진열해놓은 곳이 있어서 가봤더니 베스트셀러 칸이었다. '사람들이 이런 책을 많이 읽는구나' 하면서 천천히 훑어보는데 그중에서도 내 눈에 쏙 들어온 책이 있었다. 《독서천재가 된 홍대리》, 이지성 작가가 쓴 책이었다.

나는 본능적으로 그 책을 집어 들고 계산대로 향했다. 두께도 얇고 글씨 크기도 보기 편했다. 앞의 몇 페이지를 읽어보니 생각보다 내용도 어렵지 않았다. 그때만 해도 이 책이 내 인생을 바꾸어줄 것이라고는 상상도 하지 못했다. 주말 내내 친구들의 술자리 권유에도 불응하며 단숨에 책을 읽어 내려갔다. 책의 내용은 제목만 봐도 누구나 예상할 수 있듯이 뻔한 내용이었다. 책을 전혀 읽지 않았던 홍대리가 책을 읽으면서 변화해가는 이야기. 다행히 이 책에서는 내가 바로 실행할 수 있는 구체적인 미션을 정해주었다.

'100일 동안 책 33권 읽기'

내 인생의 두 번째 미션이었다. 첫 번째 미션이었던 고등학교 입학 다음으로 인생의 전환점을 갖는 두 번째 미션. 이 미션을 이루어낸다고 해서 내 삶이 완전히 달라질 것이라는 확신은 없었다. 그냥 당시에는 뭘 해야 할지 몰랐고, 할 수 있는 것도 없었다. 그저 책 정도는 어떻게 읽을 수 있지 않을까 싶기도 했다. 홍대리의 책에서는 심지어 내가 읽어야 할 33권의 책까지 친절하게 추천해주고 있었다. 시키는 대로 하는 건 자신 있었다.

서점에 가서 재고가 있는 책들은 바로 구매하고, 나머지는 인터넷으로 구매했다. 책을 한 권도 읽지 않던 내가 책값으로 몇십만 원을 쓰게 될 줄은 상상도 하지 못했다. 그 다음 날부터 바로 100일 동안 33권 읽기 프로젝트에 들어갔다.

삶의 변화는 생각보다 빠르게 일어났다. 책을 전혀 읽지 않던 사람이 직장까지 다니며 3일 동안 책 한 권을 읽으려면 삶의 패턴이 송두리째 바뀔 수밖에 없었다. 잠을 대폭 줄이고, 친구들과의 만남을 끊고, 주말과 휴가 내내 책만 읽어야 했다. 추가로 회식, 번개, 야근 등을 갖은 핑계로 빠지는 것이 일상화되어야 했다. 나는 정말로 그렇게 살았다. 출퇴근 버스에서도 책을 읽었고, 점심시간에도 책을 읽었다. 퇴근하면 집에서 책을 읽다가 졸음이 쏟아질 듯하면 카페에 가서 커피를 마시며 읽기도 했다. 집이 원룸이라 책상 바로 옆에 침대가 있는 탓에 졸리기 전에 집을 나서야 했다.

원래 같이 일하는 동기나 후배들과 2~3일에 한 번씩 치맥을 즐겼었는데, 책을 읽고 나서부터는 그게 가능할 리가 없었다. 전화가 오면 할 일이 있다고 거절하거나 간단하게 치킨만 먹고 와서 다시 책을 읽었다. 치킨 빼고는 다 거절했던 것 같다. 그러나 이렇게까지 했음에도 불구하고 미션에 실패했다. 마지막 7일을 남기고 32권을 읽은 상태였는데, 시간적 여유가 있기도 하고 미션의 완료를 알리는 책인 만큼 지금까지와는 차원이 다른 약 두 배 분량의 책을 선택했던 것이 미션 실패의 요인이었다. 갑자기 그 주에만 회식과 야근이 물밀듯이 밀려올 줄 누가 상상이나 했겠는가. 어쨌든 내 미션은 32권을 읽고 실패로 끝이 났다. 미션에 성공하지 못한 것은 안타까웠지만, 한편으로는 뿌듯했다. 스스로에게 떳떳했다.

처음 책을 읽기 시작할 때에는 33권을 다 읽으면 머리에 지식이 엄청나게 쌓일 줄 알았다. 그 지식들로 인해 내 삶이 달라질 줄 알았다. 결론부터 말하자면 전혀 그렇지 않았다. 원래 기억력이 좋은 편도 아닌 데다 밑줄을 치거나 필사를 하거나 독후감조차 쓰지 않았기 때문이다. 그래서 책의 세부적인 내용은 하나도 기억이 안 난다. 심지어 책의 제목과 저자도 기억을 못하는 경우가 많다. 그럼에도 불구하고 내가 100일 동안 책을 읽으면서 얻은 것은 분명히 있다.

'저자들의 가치관'

이것은 지금의 나를 만든 가장 큰 원동력이다. 저자들이 항상 강조하는 '독서 습관'은 책상 앞에 한 시간도 못 앉아 있던 나를 두 시간 이상 앉아 있을 수 있도록 만들었다. 이 습관은 내가 무언가를 배우고 싶을 때 정보를 수집할 수 있게 도와주었고, 사람들을 만날 때에는 내 이미지를 항상 좋은 방향으로 만들어주었다. 뿐만 아니라 장교에 지원하기 위해 자격증 시험을 준비할 때에도 가장 큰 힘이 되었다.

저자들이 공통적으로 가지고 있는 '무대포 실행력'은 내가 하고 싶은 일을 즉시 실행할 수 있게 만들어주었다. 자기계발서 저자들을 간접적으로 끊임없이 만나다 보니 어느새 도전정신과 실행력이 머릿속에 세뇌되었다. 그러다 보니 어느 순간 평범한 직장인들과 생각하는 게 달라지기 시작했고, 책의 저자들이 하는 말에 진심으로 공감이 되기 시작했다. 저자들의 말이 내 것이 되면서부터 말도 안 돼 보였던 일들이 조금씩 현실이 돼가고, 그 현실들은 어느 순간 이어지기 시작해서 한 편의 영화가 되기도 했다.

책을 읽어야 하다 보니 무조건 참석해야 할 것 같았던 회식에 불참하겠다고 말하는 게 당연시되기 시작했다. 처음에는 입이 떨어지지 않았다. 어떤 말을 들을지 두려웠으니까. 그러나 모든 저자들이 말하듯, 생각했던 것만큼 최악의 상황은 한 번도 벌어지지 않았다. 퇴근 후 항상 나를 불러내던 친구들은 몇 차례 거절을 당한 이후로 특별한 일이 없는 이상 전화를 걸지 않았다. 출퇴근시간, 점심시간 또한 나에게 새롭게 생긴 시간이었다. 그러면서 하루 중 온전히 내 의지대로 사용할 수 있는 시간이 두 배 이상으로 늘어났다.

100일 동안 33권 읽기 프로젝트 이후 나는 그토록 재수 없어하던 '독서가 취미인 사람'이 되었다. 어느덧 나는 현실 세계의 주변에 있는 사람들보다 저자들, 위인들과 더 가깝게 지내게 되었다. 사람들을 만날 시간에 책을 읽었으니 그럴 수밖에 없었다.

책을 읽는 사람과 그렇지 않은 사람은 어떤 시도를 할 때 두려움의 치수 면에서 확연하게 차이가 난다. 이것은 책을 읽어본 사람만이 아는 진리다. 책의 저자는 가족이나 친구들보다 내 생각에 더 많은 동의와 응원을 해준다. 어떤 책에서도 나에게 "그건 무모한 일이야, 하면 안 돼, 안정적이지 않아"라는 말 따위는 하지 않았다. 항상 나에게 "넌 할 수 있어, 도전해봐"라고 말한다. 그래서 책의 저자들은 언제나 나의 든든한 지원군이자 광팬이고, 응원단이며, 조력자다.

레저 스포츠 강사의 꿈,
모두의 만류로 갈 곳을 잃다

이제 와서 **생각해보면** 나는 욕심이 꽤 많은 사람인 듯하다. 하고 싶은 것도, 배우고 싶은 것도 늘 넘쳐나니까. 부사관으로 임관한 첫해 겨울, 친구의 제안으로 고등학교 때부터 항상 배우고 싶었던 스노보드를 배워보기로 결심했다.

"야, 이번에 스노보드 타러 가자. 어차피 우리 이제 월급도 받잖아."

스키는 친척들과 가끔 놀러가서 탔지만, 스노보드는 처음이었다. 월급을 받고 있긴 했지만 저축의 비율이 상당히 높았기에 스노보드는 경제적으로 굉장히 부담이 되는 스포츠였다. 그래도 못 갈 정도의 금액은 아니니 일단 가서 배워보기로 했다.

당시 얼마나 설렜는지 모른다. 부모님의 용돈을 받지 않고 내가 일해서 받은 월급으로 고급 레포츠를 즐길 수 있다니……. 나는 운동신경이 있는 편이라 생각보다 실력이 빠르게 늘었다. 첫 시즌에는 그렇게 친구들과 서너 번 정도 갔던 것으로 기억한다.

친구들과 비슷비슷하게 타다 보니 점점 경쟁심이 생겼다. 지금보다 더 잘 타고 싶었고, 친구들보다 압도적으로 위에 서고 싶었다. 그래서 스노보드 강사라는 직업은 어떨까 고민하기도 했다.

스노보드 강사가 되기 위해 가장 먼저 해야 할 일은 무엇이었을까? 직접 레슨을 받아보는 것이었다. 인터넷에 검색해보니 꽤 괜찮아 보이는 스노보드 카페 운영자이자 레슨 강사가 있었다. 조금 비싼 금액이었지만, 돈이 아깝다는 생각보다 실력을 빨리 늘리고 싶은 욕심이 더 컸다.

평일 일과가 끝난 금요일 저녁, 강사를 처음 만나게 되었다. 만나보니 순박하게 생긴 아저씨였다.

"안녕하세요, 제가 퇴근하고 오느라 좀 늦었어요. 죄송합니다."

"아니에요, 저도 회사원이라 방금 퇴근했어요."

스노보드 강사가 회사원이라니? 선뜻 이해가 되지 않았다.

"그럼 회사를 다니면서 부업으로 하시는 거예요?"

"네, 그렇죠. 스노보드 레슨은 주로 주말이나 새벽을 이용해서 해요."

그전까지만 해도 스포츠 분야의 전문가들은 모두 선수 출신인 줄 알았다. 그리고 하루 종일 그 일에만 매달려 전전긍긍하며 사는 줄 알았다. 부모님한테 그렇게 배워왔고, 어른들에게 그렇게 들었으니까.

내가 생각하던 강사의 이미지와는 사뭇 달랐지만, 일단 레슨부터 받아보기로 했다. 말이 필요 없었다. 나는 그 단 하루만의 레슨으로도 친구들 중에서 가장 압도적인 실력을 가질 수 있게되었다. 그게 태어나서 처음 받은 전문가의 레슨이었다. 결론적으로 레슨은 너무나도 만족스러웠다.

어느 정도 마음을 굳히고 난 후 강사님에게 물어봤다.

"제가 스노보드 강사를 해보려고 하는데, 지금 하는 일이 만족스러우세요?"

"아, 현우 씨의 마음은 이해해요. 저도 젊었을 때에는 그랬어요. 그런데 이게 현실적인 문제에 부딪히면 쉽지 않더라고요. 겨울에만 할 수 있는 일인 것도 그렇고, 금액 면에서도 안정적인 수입이 안 돼요."

하지만 나는 포기할 수 없었다. 부모님의 반대에도 수없이 의지를 다져왔던 터라 강사 분의 말에 흔들리지는 않았다. 결국 월급과 보너스를 아껴서 보드를 타는 데 필요한 시즌권과 모든 장비들을 중고로 구매했다. 엄청난 거금이었지만 어차피 내가 일해서 번 돈이니 상관없었다. 오히려 뿌듯하기까지 했다.

장비가 다 갖춰지자마자 그해에는 청주에 있는 스노보드 동호회에도 가입해서 매 주말마다 스키장을 다녔다. 그리고 전문가는 아니지만 일반인 수준에서 꽤 잘 타는 동호회 형님들에게 커피를 사주며 열심히 보드를 배웠다. 역시 이번에도 몇 년 동안 나갈 진도를 한 시즌 동안 다 마스터할 수 있었다. 그러나 동호회 형님들은 내가 꿈을 말할 때마다 만류하는 모습을 보였다.

"형님, 저 제대하고 스노보드 강사로 전향할 계획이에요."

"나도 어릴 땐 그런 생각을 했었지."

"그런데 왜 안 했어요??"

"그 일을 해서 먹고살 수 있을까 싶더라고. 젊을 때에는 체력이 되니까 모르는데 조금만 나이 들어도 못해먹을 짓인 것 같기도 하고. 너도 그냥 취미로 즐겨. 직업으로 삼을 일은 아니야."

이때까지만 해도 기가 죽지 않았다. 오히려 오기가 생겼다.

'왜들 이러는 걸까? 사람들이 목표의식이 부족하구나. 꿈은 그렇게 쉽게 이루어지는 게 아니라고! 내가 꼭 잘되는 모습을 보여주겠어!'라고 말이다. 안타깝게도 그 결심과 동시에 겨울이 끝났다. 한동안은 정말 돌아버릴 것 같았다. 스노보드는 타고 싶어 미치겠는데, 일 년을 기다려야 하다니 너무 답답했다. 집에 가면 인터넷으로 스노보드 영상만 뚫어져라 쳐다보고, 출근해서도 계속 "보드 타고 싶다"는 말을 입에 달고 살았다. 그러다 문득 이런 생각이 들었다.

'이렇게 취미생활로만 해도 비시즌이 힘든데, 본업으로 삼기는 정말 힘들겠구나.'

조금씩 마음이 뒤숭숭해지기 시작했다. 그러던 와중에 "보드 타고 싶다"는 말을 하도 입에 달고 살다 보니 한 후배가 그 꼴이 보기 싫었는지 어느 날 다가와서 이런 말을 해주었다.

"조 하사님, 그냥 웨이크보드라도 타십쇼."

"웨이크보드? 그게 뭔데?"

"수상스키같이 타는 건데 스노보드랑 거의 비슷합니다."

"오! 그래? 알아볼게, 고맙다."

다시 가슴이 뛰기 시작했다. 인터넷으로 웨이크보드를 검색해보니 영상과 사진들이 바로 나왔다. 후배가 알려주지 않았더라면 오랫동안 모르고 있었을 스포츠였다. 아르키메데스가 유레카를 외칠 때 이런 기분이었을까?

그 주말에 친구를 꾀어내서 바로 수상스키장으로 향했다. 금액이 생각보다 비싸긴 했지만 돈은 이미 중요하지 않았다. 알고 보니 연예인들이나 사업가들이 주로 많이 타러 온다고 했다.

'다른 사람들은 취미로 타는 거지만 나에게는 꿈을 찾기 위한 투자다.'

보통 사람들은 일어나서 자세를 잡고 타기까지 며칠이 걸린다고 하는데 나는 소질이 있었다. 처음 간 당일에 바로 어느 정도 안정적으로 탈 수 있었다. 스노보드보다 오히려 더 재미있었다. 태양이 작열하는 날씨에 시원하게 물살을 가르면서 '이런 게 행복이구나!' 하고 느꼈다. 그런데 보드를 타고 집에 가는 길에서부터 고민이 되기 시작했다.

'제대로 한번 배워볼까? 이거 딱 내가 좋아하고 잘할 수 있는 일인데!'

경험은 늘 새로운 도전정신을 갖게 만들었다. 그리고 뭔가 하나에 도전을 하다 보면 그와 관계된 사람들도 알게 되었다. 그들을 통해 나는 또 새로운 세상을 간접적으로 배울 수 있었다. 웨이크보드를 타기 시작하면서는, 수상스키장에서 일하는 내 또래의 강사와 어느 정도 친분이 생겼다. 어느 날 내가 넌지시 말을 꺼냈다.

"제가 레저 스포츠 강사를 꿈꾸고 있는데, 지금 하는 일 어떠세요?"

"제가 꽤 어렸을 때부터 이 일을 해왔는데요, 개인적으로 추천은 못해드리겠어요. 직업으로 갖기에는 힘들 것 같아요. 저도 지금 회사에 취업하려고 토익 공부를 하거든요."

현실은 내가 생각해왔던 것과 조금 달랐다.

"그럼 제가 웨이크보드를 제대로 배워보기라도 하고 싶은데 어떻게 하면 될까요?"

"아, 그러면 여기 웨이크보드 강사 과정이 있는데 조금 비싸긴 하지만, 그런 목표가 있으시면 해볼 만하실 것 같아요."

마침 그 수상스키장에서는 웨이크보드 강사 자격증 과정을 별도로 진행하고 있었다. 여름에는 웨이크보드 강사를 하고, 겨울에는 스노보드 강사를 하면서 살면 행복하겠다는 생각이 머릿속에 계속 맴돌았다. 쉽지 않을 거라던 친구의 말이 신경 쓰이긴 했지만, 결국 웨이크보드 강사 자격증 과정을 신청하기로 마음먹었다. 물론 가장 낮은 급의 자격증이었지만, 나에게는 그것만으로도 충분한 의미가 있었다. 무언가 성취한다는 것은 항상 설레는 일이었다.

나는 한 달 동안 주말마다 웨이크보드를 타러 갔다. 밥 사먹을 돈은 없어도 웨이크보드를 탈 돈은 어떻게든 마련했다. 이때부터 부모님과 친구들이 걱정을 하기 시작했다.

"여기저기 돈을 너무 많이 쓰고 다니는 거 아냐? 돈 좀 아껴써."

이런 말을 들을 때마다 기운이 빠지긴 했지만 포기할 수 없었다. 꿈에 대한 열정이 식을까 싶어 일부러 부정적인 말은 피하려고 애썼다. 술, 담배 같은 것에 돈을 쓰는 것도 아니고 평생 동안 써먹을지도 모르는 자격증을 따려고 하는데 그깟 돈 몇 푼이 대수이랴. 대학생들이 취업을 위해 토익학원을 다니듯이 나 또한 미래를 위해 투자하는 것뿐이었다.

한 달 정도가 지나고 강사 자격증 취득시험에 합격했을 때 얼마나 기분이 좋았는지 모른다. 시험을 본 열 명 중에 합격자는 나를 포함한 두 명뿐이었다. 또래 강사에게 칭찬을 받으려고 자랑을 했더니 생각했던 것과 조금 다른 반응을 보였다.

"일단 축하해요. 운동신경이 좋으시다는 건 충분히 알겠어요. 근데 강사가 되려면 실력뿐만이 아니라 여기서 일도 해봐야 하고, 생각 외로 신경 쓸 게 많아요. 현우 씨는 보드 타는 게 재밌는 거지 일하는 게 재밌는 건 아니지 않아요? 잘 생각해보셔야할 거예요."

맞는 말이었다. 계속 고민만 하다 그렇게 여름이 차츰차츰 지나갔다. 나는 겨울에 스키장이 오픈하기 전까지 할 것이 필요했다. 그래서 가을에는 스케이트보드에 도전해보기로 했다. 웨이크보드, 스케이트보드, 스노보드, 이 세 가지를 하면 4계절 내내 일을 할 수 있지 않을까 싶어서였다.

스케이트보드 역시 전문 강사에게 1 대 1 레슨을 받았다. 여러 가지를 배우다 보니 독학보다는 전문가에게 처음부터 제대로 배우는 것이 가장 시간과 돈을 아끼는 방법이라는 것을 몸으로 깨달은 상태였다.

스케이트보드는 생각보다 어려웠다. 그럼에도 불구하고 보드는 완전히 내 체질이었다. 다른 사람들 같으면 며칠, 몇 달이 걸릴 난이도를 항상 하루 만에 다 마스터해버렸다. 자신감에 찬 나는 스케이트보드 강사에게 내 꿈을 말해주었다.

"저, 레저 스포츠 강사가 되고 싶은데 잘할 수 있을까요?"

"흠, 솔직히 말해서 제가 스케이트보드 강사를 본업으로 하고 있긴 하지만 절대 추천은 못하겠네요. 현우 씨가 운동신경이 있긴 하지만, 하루 종일 올인 해서 해도 될까 말까 한 게 이쪽 일이거든요. 이 일이 현우 씨 나이에는 멋져 보일지 모르겠지만, 저는 회사 다니면서 월급 받는 친구들이 제일 부러워요."

수상스키장에서 일하는 친구의 반응과 비슷했다. 이때쯤 되니까 열정이 차츰차츰 식어가기 시작했다.

'내가 좀 잘못 생각하고 있는 걸까? 부모님이 말씀하신 것처럼, 어쩌면 이 사람들이 하는 말이 맞지 않을까? 내가 이상적으로 생각하는 삶을 사는 사람들이 가장 바라는 게 나 같은 공무원일 수도 있겠구나.'

이런 생각이 들었다. 그리고 고민 끝에 그 꿈은 곧 접게 되었다. 이때 만약 단 한 명이라도 진지하게 나를 응원해주고, 믿어주는 사람이 있었다면 어떻게 됐을까? 어쩌면 상황이 달라졌을지도 모를 일이다.

가치관을 변화시켜준
특별한 만남

- 구명용 테니스 프로

레저 스포츠 강사에 대한 꿈을 접고 난 이후 나는 새로운 꿈을 찾기 시작했다. 돈을 많이 못 벌어도 좋으니 현재의 상황을 탈피해서 하루하루 괴롭지 않은 삶을 살 수 있다면 어떤 것이라도 좋았다.

어렸을 때부터 운동에 제법 소질이 있었던 나는 여러 운동에 관심이 많았다. 특히 고등학교 때부터 테니스에 대한 로망이 있었는데 좀처럼 칠 기회가 없었다. 그래서 레저 스포츠 강사의 꿈을 접자마자 테니스 레슨을 등록하기로 했다. 그런데 문제가 생겼다. 월, 화, 목, 금, 하루에 20분씩 레슨을 받는데 비용은 한 달에 17만 원, 테니스장이 실외에 있어서 비가 오는 등 날씨가 안 좋으면 레슨을 못한다고 했다. 야근 횟수가 잦아서 저녁에 레슨을 받는다면 대충 계산해도 일주일에 한두 번 레슨을 받을 수 있을까 말까 했다. 그래서 불가피하게 새벽에 레슨을 받기로 마음먹었다. 설마 나처럼 새벽에 다른 것도 아니고 테니스 레슨을 받는 사람이 또 있을까 싶었다. 하지만 내 생각은 여지없이 빗나갔다.

보통 새벽 6시부터 레슨을 시작하는데 부지런한 사람이 세상에 얼마나 많은지, 그 시간에도 레슨 예약이 꽉 차 있었다. 결국 새벽 5시 40분에 레슨을 받게 해달라고 코치님에게 사정을 했다. 코치님 눈에 나에게 정말 열의가 있어 보였는지 잠시 생각해보겠다고 하시더니 결국 승낙해주셨다. 그런데 진짜 문제는 그다음부터였다. 5시 40분 레슨을 위해 거의 일 년 동안 새벽 4시 50분에 일어나는 일과를 반복해야 했다.

테니스장은 집에서 거리가 꽤 있어서 매일 새벽 눈을 뜨자마자 자전거를 타고 레슨을 받으러 다녔다. 새벽에 일어나는 것은 결국 자신과의 싸움이다. 여름만 해도 그나마 괜찮았는데 겨울에는 진짜 얼어 죽을 것 같았다. 그런데도 쉽게 포기하기는 싫었다.

책에서는 분명히 한 달만 일찍 일어나다 보면 습관이 되어서 수월해진다고 하던데 무슨 말도 안 되는 소리였다. 일 년 동안 일찍 일어나도 죽도록 피곤한 것은 똑같았다. 레슨이 없는 수요일과 비가 와서 레슨이 취소되는 날에는 얼마나 행복했는지 모른다.

그렇게 죽도록 힘든 새벽형 인간이기를 굳이 돈까지 내가며 자처했던 것은 같은 반 회원들 때문이었다. 나이가 많으신 분들도 새벽에 일어나서 테니스를 치시는데 젊은 내가 포기할 수는 없었다. 친구들은 매일 이른 새벽 일어나는 나를 보며 독하다고 고개를 내저었지만, 새벽반 사람들 사이에서는 아침 일찍 일어나는 것이 당연한 일과 중 하나였다. 게다가 나에게는 아침형 인간에 대한 로망까지 있었다. 성공에 대한 지식을 책으로만 배우다 보니 그때만 해도 모든 성공한 사람들이 일찍 일어나서 새벽 시간을 이용하는 줄 알았다.

레슨을 받을 때까지만 해도 테니스를 열심히 치긴 했지만 꿈으로 진지하게 생각해보지는 않았었다. 테니스는 나이가 들어도 평생 즐길 수 있는 운동이므로 일단 배워놓자는 생각뿐이었다. 하지만 일 년이 지나자 상황이 달라지기 시작했다. 본격적으로 동호회에 들어가서 사람들과 게임을 하기 시작하니 레슨과는 또 다른 세상이 펼쳐졌다. 게임에서 승리했을 때나 새로운 기술을 성공시켜서 점수를 땄을 때에는 스노보드나 웨이크보드와는 차원이 다른 쾌감을 느꼈다. 더군다나 계절 스포츠가 아니니 남녀노소 누구나 일 년 내내 할 수 있는 운동이지 않은가?

실력이 좋은 동호회에 가입하다 보니 사람들의 대화 주제는 항상 '어떻게 하면 실력이 빨리 늘 수 있을까?' 하는 것이었다. 동호회를 몇 군데 가입해봤지만 각각의 분위기가 있었다. 정말 테니스에 집중하는 동호회가 있는 반면, 30분 운동하고 밤새 술만 마시러 다니는 등 잿밥에 더 관심 있는 사람들이 주축을 이룬 곳도 많았다.

테니스에 열정이 가득한 사람들과 하루 서너 시간씩 같이 있다 보니 실력이 느는 것은 당연하고, 점차 테니스에 일과 후의 시간을 올인 하기 시작했다. 그러다 보니 테니스 코치라는 직업이 너무나 매력적으로 느껴지기 시작했다. 하지만 공으로 하는 대부분의 운동은 구력(운동을 한 경력)이 가장 중요했다. 동호회를 가도 잘 치는 사람들은 대부분 최소 10년 이상, 20년 이상의 구력을 가지고 있었다. 그렇게 잘 치는 사람들도 테니스 코치에게 레슨을 받으니, 테니스 코치들은 대부분 선수 출신이어야 가능했다.

나같이 직장을 다니는 사람이 운동을 조금 더 열심히 배운다고 해서 선수 출신을 실력으로 이기는 것은 현실적으로 불가능했다. 게다가 테니스에 빠진 사람들 중에는 하루 종일 나보다 훨씬 더 많은 시간을 투자하는 사람도 부지기수였다. 얼마 지나지 않아 이런 식으로 운동만 열심히 한다고 해서 답이 나오지는 않는다는 사실을 금방 깨닫게 되었다. 뭔가 다른 방법을 찾아야 했다.

인터넷에서 여러 가지 정보를 뒤적이다 보니 많은 테니스 동호인들의 의견을 읽어볼 수 있었다. 다음은 그중 내 눈을 번쩍 뜨이게 한 어떤 블로그의 칼럼 내용이다.

"우리나라가 테니스 후진국인 이유는 코치들이 선수 출신만으로 이루어져 있기 때문이다. 선수 출신들은 현역 시절 실력만 믿고 티칭 스킬을 배우려 하지 않는다. (중략) 골프에서는 투어 프로와 티칭 프로가 나누어져 있다. 본인의 실력이 좋은 것과 선수를 잘 가르치는 능력은 근본적으로 접근이 다르다. (중략) 우리나라는 30년 전의 기술로 테니스를 가르치고 있다. 구명용 프로는 미국에서 현대 테니스 티칭 스킬을 배워온 우리나라 유일의 전문가다."

이제는 머릿속에 혼란이 오기 시작했다. 나는 테니스 전문가가 아니기 때문에 이 글의 객관적인 진위 여부를 확인할 수는 없었다. 다만 이 말이 사실이라고 가정을 하면 나도 미국에서 테니스 티칭 스킬을 배워오기만 하면 되었다. 오히려 그렇게 배우는 것이 우리나라의 선수 출신들보다 경쟁력이 있을 것 같았다. 새로운 희망과 동시에 여러 가지 궁금증이 생겼다. 현대 테니스는 대체 어떻게 다른 걸까? 구명용 프로는 또 어떤 사람일까?

인터넷으로 검색을 해보니 '구명용테니스연구소'라는 카페가 나왔다. 여기서는 테니스의 기술뿐만 아니라 사람들에게 맞는 테니스 라켓과 스트링(줄)까지 알려주고 있었다. 구명용 프로는 〈테니스 코리아〉라는 공신력 있는 잡지에 수많은 칼럼을 기고하며, 오프라인 매장도 운영하고 있었다. 카페의 후기 글을 보면 전부 구명용 프로를 찬양하는 글로 넘쳐났다. 결론적으로 구명용 프로를 찾아가게 된 계기는 딱 하나였다. 선수 출신이 아니라는 것.

그냥 찾아갈 수는 없어서 레슨을 예약하고 싶었으나 한 달 치 예약이 꽉 찬 상태였다. 매달 17일 오후 6시에 일괄적으로 한 달 치 예약을 다 받는데, 당시만 해도 10분 만에 매진이 되었다. 레슨은 하프(2시간)와 풀(4시간) 타임으로 나누어지는데 평일과 주말의 가격이 달랐다. 이제껏 내가 받았던 테니스 레슨의 한 달 치가 구명용 프로의 경우 두 시간 레슨 비용이었으니 얼만지 대략 계산이 될 것이다. 이렇게 높은 가격에도 사람들이 끊임없이 몰리는 이유를 반드시 알아내고 싶었다. 결국 평일보다 비싼 가격을 감수하고 주말 풀타임 레슨을 예약했다.

약 한 달 후 구명용 프로의 레슨이 있는 날이 되었다. 떨리는 마음으로 한 시간 일찍 도착한 레슨 장소는 어떤 아파트 단지 내의 소박한 테니스장이었다. 몸을 풀고 휴대전화로 테니스 영상을 보고 있는데, 구명용 프로가 눈에 확 튀는 주황색 외제차를 몰고 왔다. 그때부터 뭔가 범상치 않음을 느꼈다.

"현우 씨 맞죠? 반가워요. 옮기는 것 좀 도와줘요."

트렁크에는 테니스공들과 각종 용품들이 있었다. 아령, 볼 공급기, 거대한 테니스공 등등. 짐을 옮기고 나서 우리는 벤치에 앉았다. 정해진 레슨 시간(9~13시)이 있어서 본전을 뽑으려면 최대한 공을 많이 쳐야 하는데, 구명용 프로는 답답할 정도로 느긋했다.

"제가 집에서 간식을 좀 싸왔는데 먹고 합시다. 학생이에요?"

대화는 직업부터 시작해서 자연스럽게 테니스로 흘러갔다. 그렇게 약 10분 정도가 흘렀을 때 본격적인 레슨이 시작되었다.

"먼저 스트레칭, 스텝 연습, 실력 테스트 먼저 하고 제일 부족한 부분부터 코치해드릴게요. 자, 먼저 스트레칭부터 따라 하세요."

체계적이었다. 스트레칭은 그렇다 쳐도 스텝 연습은 일 년 이상 레슨을 받으면서 한 번도 이런 방식으로 받아본 적이 없었다. 부끄러운 실력 테스트는 생각보다 허무하게 끝났다.

"처음부터 다시 배워야겠네요. 더 이상 쳐봤자 힘만 빠질 것 같고, 오늘은 포핸드(팔을 뻗은 채 손바닥을 상대편 쪽으로 해서 만든 타구)부터 잡고 갑시다. 내가 새 라켓 추천해줄 테니까 일단 그 쓰레기 같은 라켓은 좀 버려요."

그 후는 정확히 기억이 나지 않는다. 구명용 프로는 내 테니스 스윙을 보고 체형과 근육을 훑어보더니 가방에서 라켓을 하나 꺼내주었다. 그 네 시간 동안 여태까지 배웠던 테니스와는 차원이 다른 것을 배우는 느낌이었다. 레슨 비용이 비싸다는 생각이 전혀 나지 않을 만큼 말이다. 일 년 동안 새벽에 일어나 레슨을 받았던 세월들이 주마등처럼 머릿속을 스쳐갔다.

레슨이 끝난 후에는 라켓을 바꾸기로 했다. 구명용 프로는 내 스윙 자세를 파악하고 라켓을 추천해주었다. 새로 산 라켓 두 자루를 어깨에 메고 집에 가면서 나는 다시 한 번 결심했다.

'앞으로 테니스는 구명용 프로에게만 배워야겠다. 그리고 저 사람이 밟았던 길을 걸어야겠다.'

기존에 받던 레슨을 그만두고 나는 주말마다 구명용 프로에게 레슨을 받기 시작했다. 구명용 프로는 테니스뿐만 아니라 인문학적 소양, 세상을 보고 사람을 보는 눈이 뛰어난 사람이었다. 그에게 테니스 레슨을 받은 후로 내 테니스 실력이 생각 이상으로 빠르게 늘어났음은 물론이고 인간의 삶과 행복, 성공, 돈에 대한 사고까지 점점 확장되었다. 구명용 프로는 나의 20대 초반을 가장 열정적이고 치열한 시기로 만들어준 은인이다.

가장 좋았던 것은 나의 꿈을 언제나 응원해줬다는 점이다.

"현우 씨 정도의 열정이면 반드시 저를 뛰어넘는 테니스 전문가가 되실 겁니다. 다른 사람들이 하는 말은 믿지 마세요. 현우 씨가 마음속으로 생각하고 느끼고 있는 것들을 믿으세요."

이런 말을 듣기 위해서라도 더 열심히 레슨을 받으러 다녔는지도 모른다. 모든 상황은 완벽했다. 최고의 전문가에게 배우고 있었고, 그 사람이 내 꿈까지 응원해주는 상황이었으니까. 다만 부족한 것은 통장의 잔고뿐이었다.

부모님에게 처음 이 이야기를 했을 때에는 기겁을 하셨다. 아무리 꿈이 테니스 코치라고 해도 돈을 그렇게 펑펑 쓰는 놈이 어디 있냐며. 친구들의 반응은 정확히 두 분류로 나뉘었다, '대단한 새끼' 또는 '미친놈'.

그렇게 나는 약 3년 이상을 테니스에 미쳐 살았다. 모든 시간은 테니스에 맞춰졌다. 그동안 테니스 때문에 책 읽을 시간이 없었는데, 구명용 프로에게 레슨을 받게 된 이후로는 새벽에 레슨을 안 받게 되면서 비는 시간에 책을 읽을 수 있었다. 사람들이 스마트폰으로 게임을 할 때 나는 테니스 영상을 찾아봤다. 사람들이 퇴근하고 술을 마시거나 집에서 TV를 보며 쉴 때 나는 동호회에 나가서 밤늦게까지 테니스만 미친듯이 쳤다. 날씨가 안 좋아서 야외 운동이 불가한 날에는 집에서 아령을 들고 근력 운동을 했다. 책을 읽으면서 터득했던 야근과 회식 빠지기 기술을 테니스 치면서 가장 많이 써먹었다. 이처럼 열심히 사는 와중에도 슬럼프는 찾아왔다. 슬럼프에 대한 두려움이 없다면 거짓말일 것이다. 오죽하면 내가 테니스를 치면서 가장 많이 했던 말이 이 말이었다.

"어, 어제는 분명히 잘됐는데?"

하지만 슬럼프는 어차피 슬럼프일 뿐이며, 두려움은 그저 두려움일 뿐이었다. 어떻게 극복할지 고민할 시간에 그냥 계속 하던 대로 하다 보면 다시 잘되곤 했다. 물론 혼자 하는 운동에서 슬럼프가 왔다면 정말 힘들었을 것이다. 나에겐 다행히도 먼저 슬럼프를 겪어왔던 주변 사람들의 격려와 위로가 함께했기에 매번 대수롭지 않게 고비를 넘길 수 있었다.

구명용 프로에게 약 일 년 동안 레슨을 받으면서 최소 500만 원은 넘게 썼다. 가족들과 친구들이 뭐라 하든 레슨 받는 데 돈을 쓰는 것은 전혀 아깝지 않았다. 망설일 필요도 없었다. 구명용 프로의 레슨 비용으로 일 년에 천만 원을 넘게 쓰는 사람도 있었다. 나만큼 쓰는 것은 특별한 일도 아니었다.

항상 최초가 되는 것은 두렵다. 하지만 같은 생각을 가진 동료들 또는 먼저 그 일을 겪었던 선배들이 있다면 마음이 놓이기 마련이다. 구명용 프로 주변에 있는 사람들은 좋아하는 일을 제대로 배우기 위해 쓰는 돈은 현재와 미래를 위한 당연한 투자일 뿐이라고 말해주었다. 그런 사람들을 볼 때마다 의지가 되고 힘이 났다.

다만 친구들이 쇼핑할 때 나는 아무것도 안 샀다. 술 또한 최대한 자제했다. 담배도 당연히 안 폈다. 이런 돈들을 아껴서 레슨을 받아야 한다고 생각했다. 이 상황을 몰랐던 다른 사람들

눈에는 내가 꽤나 유별나게 보였을 것이다. 오죽하면 이런 소리까지 들었다.

"그렇게 빡빡하게 살면 성공 못해, 인마! 술도 좀 먹고, 담배도 피면서 유들유들하게 사는 사람들이 인간관계가 좋아서 성공하는 거지!"

대부분 이런 조언을 해준 분들은 성공과는 거리가 멀어 보였기에 신빙성이 떨어졌지만 말이다. 그러던 와중에 테니스 전문가라는 꿈에 고비가 찾아왔다. 부모님과 열띤 상의 끝에 장교로 지원을 하게 되고, 그로 인해 주변 상황들이 전부 바뀌면서 테니스에 대한 열정이 식기 시작했다.

약 일 년이 넘는 기간 동안 장교 지원에 올인 하고, 임관 후 부산으로 발령을 받으면서 서울에 갈 일이 많이 줄어들다 보니 구명용 프로와 만날 일도 자연스레 줄어들었다. 나를 응원해주던 사람들과 멀어지고, 그토록 열정적인 사람들과도 장기간 만나지 못했다. 신기했다. 그렇게 열정을 품고 달려왔던 일인데, 주변 사람들과 환경이 바뀌면서 무섭게 시들어버리고 말았던 것이다.

다시 불씨를 살리고 싶었지만 쉽지 않았다. 부모님의 철저한 반대와 완전히 바뀌어버린 주변 상황, 결정적으로 만나는 사람들이 바뀌었으니까. 어찌 되었든 그때의 나에게 늘 고맙게 생각한다. 내 가치관은 구명용 프로와 테니스를 치는 동안 만났던 사람들 덕분에 엄청나게 성장했다. 꿈을 향해 미친 듯이 달릴 수 있었고, 최고에게 배우는 게 어떤 느낌인지 알 수 있었고, 나를 응원해주는 사람들 속에서 정말 행복하게 목표를 향해 달려갈 수 있었다. 테니스에 대한 꿈은 잃었지만 그로 인해 얻은 너무나 귀중한 것들이 내 머리와 마음속에 아직 남아 있다.

'결국 꿈을 지속시키는 것도, 행복하게 살 수 있는 것도 만나는 사람에 달려 있구나.'

자극제가 **된 친구,**
열정에 불을 **지피다**

스물두 살의 **여름,** 군 3년차에 필요한 교육을 받았다. 이 교육은 고등학교 동기들과 한 달 동안 같이 숙소생활을 하며 받았기 때문에 지친 군 생활 속에서 잠시 쉬어갈 수 있는 시간이었다. 그런데 이 한 달이라는 시간이 누군가에게는 단순한 휴식 기간이지만, 누군가에게는 엄청난 성장의 발판이 되기도 했다. 다행히도 나는 후자에 속했다.

고등학교 생활을 같이 했던 동기들을 3년 만에 처음 만났을 때 나는 충격을 금치 못했다. 같은 3년이라는 시간을 보냈는데 고등학교 때와 별반 다르지 않은 친구들이 있는 반면, 생각지도 못하게 성장해 있는 친구들도 있었다.

그중에서도 나에게 가장 큰 영향을 끼친 사람은 학교 다닐 때 친하게 지내던 정현우라는 친구였다. 친했던 만큼 정확히 기억이 났다. 운동신경이 말도 안 되게 좋았던 친구, 책이라고 하면 라면 받침으로 쓰거나 사람 때리는 용도로밖에 쓰지 않던 친구였다. 그런 친구가 3년 만에 온갖 자격증에 온라인으로 학사를 취득하고 장교를 지원해서 합격 결과를 기다리고 있었다. 대체 3년 동안 무슨 일이 있었던 것일까? 심지어 그 친구가 일을 하고 있던 곳은 내가 일하는 곳보다 훨씬 바쁘고 힘든 곳이었다. 이야기를 들어보니 공부를 하게 된 이유는 나와 크게 다르지 않았다.

　"도저히 이 일을 평생 하지는 못하겠더라고. 그래서 지옥 같은 생활을 탈출하려고 공부하기 시작했어. 야근이 너무 늦게 끝나니까 보통 새벽에 공부했지."

　학위를 따야겠다는 생각은 그때까지 한 번도 해본 적이 없었다. 물론 그 이야기를 들으면서도 학위를 무조건 따야겠다는 생각이 들었던 것은 아니었지만, 왠지 친구의 이야기를 들으니 욕심이 났다. 만약 고등학교 때부터 공부를 잘했던 친구였다면 그렇게까지 충격을 받진 않았을 것이다. 이 친구를 보면서 나도 무조건 할 수 있다는 자신감이 생겼다. 그래서 물었다.

　"나도 그거 알려줘. 학점은행제? 어떻게 하는 거야, 그거?"

　친구의 말에 의하면 학점은행제는 '평생교육원 온라인 강의+

자격증+독학사' 등으로 각각의 학점을 모아서 기준 점수를 채우면 학사 학위를 주는 시스템이었다. 평생교육원에 전화를 하고 수강 신청을 하면 내 상황에 맞는 커리큘럼을 짜주고 컨설팅도 무료로 해주었다.

결국 고심 끝에 나도 학위를 취득하기로 결심했다. 그리고 결심과 동시에 군 교육기간 동안 시작해보기로 했다. 당시 교관님들에게는 정말 죄송한 말씀이지만 어차피 그 한 달 동안 하는 교육은 나에게 전혀 필요가 없었다. 쫓겨나지 않을 정도로 최소한의 점수만 유지하면 되었다. 그때부터 나는 수업을 듣지 않고, 컨설팅을 받은 대로 학위 취득에 필요한 자격증 공부를 시작했다. 일과가 끝나면 저녁에는 테니스를 쳐야 하므로 자격증 공부는 주로 수업시간에 했다. 당시 교관님들에게는 다시 한 번 죄송하다는 말씀을 드리고 싶다.

한 달간의 교육이 끝난 뒤에도 학위 취득 프로젝트는 계속되었다. 정말이지 몸이 두 개라도 모자랄 지경이었다. 새벽에는 책을 읽고, 퇴근 후에는 테니스를 치고, 밤늦게 평생교육원 온라인 강의를 음소거로 해놓고 자격증 공부를 했다. 그래서 나는 영상에 나오는 교수님들의 목소리를 들어본 적이 없다. 시간적으로는 그 방법이 제일 효율적이었다. 이때가 내 인생에서 가장 치열하게 살았던 때인 것 같다.

이런 생활을 몇 달째 하다 보니 야근과 회식이 특히 힘들었다. 절대 많이 하는 편도 아니었는데, 퇴근 후에 해야 할 공부 분량을 못하면 모든 계획이 틀어지게 되니 스트레스는 극에 달했다. 오죽하면 불명예 전역까지 생각해볼 정도였다. 부모님의 얼굴이 어른거려 그때마다 포기하곤 했지만, 그 정도로 스트레스를 심하게 받았다. 당연히 사무실 사람들은 나를 전혀 이해하지 못했고, 불가피하게 부딪히는 일이 자주 생겼다.

그 당시만 해도 주말에 서울에 갈 때마다 부모님과 테니스 전문가라는 꿈을 두고 한창 실랑이를 벌이고 있을 때였다. 야근이랑 회식이 많아서 도저히 못 살겠다는 말을 하고 있었는데, 왜 그랬는지 몰라도 문득 내가 먼저 이야기를 꺼냈다.

"그냥 장교 지원이나 할까? 어차피 제대하는 데에는 얼마 차이도 안 나는데."

그러자 갑자기 부모님의 눈동자가 초롱초롱하게 빛나기 시작했다.

"장교? 네가 갈 수 있어?"

부모님 얼굴에 활기가 띠고 밝아지는 모습을 보니 괜히 내가 들떠서 하던 이야기를 계속했다. 부모님의 눈빛을 보니 왠지 짠해지기도 했다. '참 생각해보면 효도라는 것이 별거 아닌데, 왜 이렇게 나는 부모님 속을 썩였을까' 하는 생각이 들었다.

"지금부터 자격증 시험에 한 번도 안 떨어지고 계획한 대로만 되면 내년에 장교로 지원할 수 있어. 일반전형으로 가면 100퍼센트 떨어질 거고, 특별전형으로 하면 우선 선발 대상이야."

"그래? 엄마, 아빠는 현우가 장교로 갔으면 좋겠다."

말이 길어지기 시작했다. 이 정도면 무조건 가라는 뜻이었다. 일단 생각해보겠다고 하고 집을 나섰지만 이미 머릿속에서는 결론이 나와 있었다. 출근하기가 너무 지옥 같아서 일단 지금의 삶에서부터 벗어나야 했다. 인터넷으로 하루 종일 장교 지원에 대한 모든 것을 알아본 결과 6개월 동안 계획에 차질만 안 생긴다면 스물세 살 겨울에 장교로 입대가 가능했다.

'좋아, 해보자.'

6개월이라는 시간은 생각보다 빠르게 지나갔다. 모든 것은 계획대로 완벽하게 진행되었다. 학위 취득도 차질 없이 진행되었고, 특별전형 지원에 필요한 자격증도 다행히 한 번에 합격했다. 이제 사무실에 이 사실을 통보하고 차례대로 1차, 2차 전형 절차를 밟아나가기만 하면 되었다. 사무실 사람들은 조금 놀라긴 했지만 상황을 생각보다 쉽게 받아들였다.

드디어 1차 전형 기간이 되었고, 나는 모든 서류를 철저히 확인해서 제출했다. 결과는 예상대로였다. 1차 합격, 2차 합격, 모든 것은 계획대로 되어가는 듯했다. 마지막 3차 전형은 훈련소에 가서 형식상 받는 신체검사와 체력검정뿐이었다. 3차 전형에 대해서는 한 번도 생각해본 적이 없었다. 내 몸은 건강 그 자체였고, 체력검정의 기준은 우스울 정도로 낮았다.

이제 완전히 붙었으니 훈련소에 들어가면 못 먹을 것들을 실 컷 먹고 놀기만 하면 된다고 생각했다. 그래서 훈련소에 들어가기 전 일주일 동안은 입에서 단 음식과 자극적인 음식들을 뗀 적이 없었다. 그게 화근이었는지 3차 전형 신체검사를 받는데 생각지도 않던 혈당 수치가 높게 나왔다. 공복으로 다시 재검을 받았지만 소용없었다. 내당능장애, 혈당 수치가 100이 상한선인데, 102로 결국 3차 전형에서 떨어졌다. 자신이 자만으로 변하며 생긴 변고였다.

제일 먼저 머리를 스쳐가는 것은 사무실 사람들의 반응이었다. 인사까지 다 하고 작별회식까지 했는데 어떻게 얼굴을 다시 본단 말인가. 정말 죽고 싶었다. 결국 나는 부대로 돌아가자마자 사람들의 놀림거리가 되었다. 그 후로 한동안 단 음식은 입에도 안 댔던 것 같다.

의무 복무 기간이 늦춰진다는 것은 엄청난 비극이었지만 다른 선택권이 없었다. 2년 동안 더 이 일을 하다가는 죽을 것 같았다. 결국 6개월 후 그다음 기수로 장교 입대를 했다.

제일 인상 깊었던 것은 장교가 된 이후 부모님의 시선도, 친척들의 시선도, 친구들의 시선도 모두 달라졌다는 사실이다. 그동안 연락하지 않던 동기들, 친구들, 선후배들까지 갑자기 연락을 해오기 시작했다. 생각지 못한 반응이었다. 처음에 장교가 되겠다고 했을 때에는 "장교 별거 없어, 맨날 앉아서 컴퓨터나

보고 있고 일도 힘들대"라고 말하던 사람들이 막상 장교로 임관을 하고 나니 "와, 진짜 축하해. 장교로 어떻게 간 거야?"라는 반응으로 바뀌었다.

단순히 힘든 상황을 벗어나기 위해 노력했을 뿐인데 누군가에게는 내가 부사관에서 장교가 된 사실이 충격적이거나, 혹은 감동적이거나 동기 부여가 된 모양이었다. '다른 사람들의 영향으로 내가 바뀌었듯이 내 주변 사람들의 인생이 나로 인해 바뀔수도 있겠구나' 하는 느낌은 생각보다 짜릿했다.

인생에 길이 남을
두 권의 책을 소개받다

_ 황준석 연금형부동산연구소장

2015년 6월, **장교로** 임관하면서 김해로 자대를 발령받게 되었다. 그리고 여러 가지 상황이 바뀌며 약 4년간 나를 쉼없이 달려오게 만들었던 테니스 전문가라는 꿈을 접게 되었다. 김해로 와서 한동안은 아무것도 의욕이 없었다. 애초에 장교의 꿈이 있어서 온 것도 아니고 도피처로 온 것이니 열정이 있을 리가 없었다. 그렇게 몇 달이 지난 뒤 그나마 정신을 차리고 새로운 꿈을 찾기 위해 고군분투를 하게 되었다.

이 이야기는 2015년 11월부터 시작된다. 공인중개사 자격증을 따기 위해 인터넷 강의를 듣고 있을 시점이었다. 당시 나는 서점에서 부동산 투자 관련 책이란 책은 다 쓸어 담아서 읽고 있었다. 어느 정도 다 비슷비슷한 내용들에 질려갈 무렵, '연금형부동산연구소(연부연)'의 황준석 소장님이 쓴《평범한 월급쟁이 월세 1000만 원 받는 슈퍼직장인들》이라는 책을 읽게 되었다. 다른 책들은 지루한 이론과 용어를 풀이해주는 것에 집중하는 반면, 이 책에서는 부동산 투자로 삶이 자유로워진 사람들의 생생한 후기를 들려주고 있어 상당히 재미있게 읽었던 기억이 난다.

책을 읽어가면 읽어갈수록 빠져들기 시작했다. 그리고 책을 다 읽고 난 뒤에는 황준석 소장님에게 부동산 투자 컨설팅을 받아야겠다는 생각이 머릿속에 가득했다. 연부연 카페에 들어가 보니 책보다 훨씬 더 많은 부동산 투자 성공 후기들과 더불어 황준석 소장님에 대한 찬양 글들이 넘쳐났다. 내가 가장 끌렸던 것은, 나와 나이가 비슷한 20대 직장인들이 내가 모은 돈과 비슷한 액수를 투자해서 월세를 받고 있다는 사실이었다. 역시 세상에는 모르는 사람들의 세계가 무궁무진했다.

더 이상 고민할 필요가 없었다. 나는 당장 전화를 걸었다. 상담사의 말에 의하면 황준석 소장님의 컨설팅을 받기 위해서는 50만 원을 내고도 한 달을 기다려야 가능하다고 했다. '역시 엄청 유명한 사람이구나' 하는 생각과 동시에 '더 지체하면 올해 안에 컨설팅을 못 받겠다'라는 생각이 들어 곧바로 입금을 했다. 그리고 약 한 달이라는 시간 동안 연부연 카페에 있는 동영상 강의를 외우다시피 하고, 황준석 소장님이 쓴 칼럼을 다 독파했다.

드디어 D-day가 되어 서울에 올라갔다. 문자로 보내준 주소로 찾아가니 깔끔한 인상의 직원분이 맞이해주었다. 약속시간이 되자 황 소장님이 상담실로 들어오셨다. 딱 봐도 젊은 부자 같은 포스에, 눈에 가장 먼저 띄었던 것은 대놓고 반짝거리는 금색 롤렉스시계였다. 그렇게 컨설팅은 바로 시작되었다. 그리고 또다시 인생의 변화가 일어나기 시작했다.

"아, 현우 씨, 반갑습니다. 어떤 게 궁금해서 오셨어요?"

내가 준비해간 질문은 딱 세 가지였다. 첫 번째, 공인중개사 자격증의 전망, 두 번째, 내가 가진 돈(약 5천만 원)으로도 월세 받는 것이 가능한지, 세 번째, 부동산 투자만으로 부자가 되셨는지, 이렇게 세 가지. 한 시간짜리 컨설팅이었지만 30분도 안 돼서 모든 대답을 들을 수 있었다.

"공인중개사 자격증이 있어야 부동산 전문가가 될 수 있는 것은 아닙니다. 저도 자격증은 없어요."

"가능합니다. 한 달에 40만 원은 받으실 수 있어요."

"저는 부동산 투자로 부자가 된 것은 아닙니다."

뭔가 이상했다. 부동산 전문가라는 분이 공인중개사 자격증도 없고, 심지어 부동산 투자로 돈을 번 게 아니란 말인가? 유명한 제과점의 주인이 제빵사 자격증도 없다는 말처럼 들렸다. 그래서 더 신비로웠고, 그래서 더 궁금했다.

'대체 비법이 무엇일까?'

"아니, 그럼 대체 어떻게 돈을 버신 거예요?"

"제가 책 두 권을 추천해드릴 테니까 오늘 집에 가는 길에 사서 읽어보세요. 거기에 답이 있습니다."

추천 받은 책은 엠제이 드마코의 《부의 추월차선》과 티모시 페리스의 《4시간》, 이렇게 두 권이었다. 나는 궁금증에 못 이겨 한 시간의 컨설팅 시간을 다 채우지도 못한 채 허겁지겁 나와 서점으로 갔다. 《부의 추월차선》은 서점에서 바로 구할 수 있었으나, 《4시간》은 절판된 상태였다. 절판된 책은 인터넷에서 중고로 찾아 주문하고, 그와 비슷한 제목의 책을 한 권 더 사서 빠르게 집으로 갔다. 집에 가자마자 옷도 안 갈아입고 무언가에 쫓기는 것처럼 책상에 앉아 《부의 추월차선》을 읽기 시작했다.

결론적으로 말하면, 살면서 또래들에 비해 적지 않은 책을 읽은 편이지만 책을 읽으면서 소름이 돋았던 것도, 약 400페이지 분량의 책을 엉덩이 한번 떼지 않고 다 읽었던 것도 처음이었다. 책을 다 읽은 후 한숨을 크게 내쉬었다. 그리고 생각했다.

'무슨 일이 있어도 내 사업을 해야겠다.'

이 사건은 나에게 엄청난 것을 의미했다. 평생 동안 모르고 살았을지도 모르는 세상을 어떤 한 사람을 통해 30분 만에 알게 된 것이다. 정말 간단한 원리였다.

'부자가 되는 방법은 부자한테 물어보면 된다.'

한 사람과의 만남은
늘 무한의 가치로 연결된다

– 신태순 버터플라이인베스트먼트 대표

커다란 깨달음과 동시에 문제가 생겼다. 군인의 신분으로는 영리 행위 자체가 금지되어 있기 때문에 사업을 하면 불법이었다. 그렇다고 제대할 때까지 아무것도 안 하고 있자니 답답해 죽을 것 같았다. 어떻게든 뭐라도 할 방법을 찾아야 했다. 생각보다 그 방법은 빨리 찾을 수 있었다. 바로 다음에 읽은 책에서.

신태순의《나는 1주일에 4시간 일하고 1000만 원 번다》, 말이 안 되는 만큼 정말 매력적인 제목 아닌가? 책을 읽는 내내 또 가슴이 뛰기 시작했다. 정말 그날은 종일 닭살이 돋고, 심장이 터질 듯한 하루였다. 일주일에 네 시간만 일하고도 한 달에 천만 원을 번다고? 이 강한 의심은 책을 읽은 후 확신으로 바뀌어 있었다. 책의 내용을 요약하자면 이렇다.

신태순 대표가 전 재산을 교육에 투자해서 그 교육을 토대로 새로운 사업을 만들어냈다. 무자본 투자회사 (주)버터플라이 인베스트먼트가 그 결과물이다. 이 회사는 일반적인 투자회사들과 같이 창업을 하고 싶은 사람들에게 돈을 투자하지 않는다. 대신 무자본으로 창업을 할 수 있는 '아이디어'를 투자한다. 이 아이디어는 멤버십에 가입한 모든 사람들에게 매주 월요일 메일로 보내진다. 멤버십 가입 비용은 1년에 110만 원. 아이디어 하나를 만드는 시간 네 시간, 한 달에 열 명만 가입해도 세금 떼고 월수입 천만 원.

혹자는 그딴 아이디어 따위를 누가 110만 원이나 주고 사느냐고 말할지도 모른다. 유감이지만 나는 바로 결제했다. 그만큼 절실했다. 그리고 놀라운 것은, 세상에 나 같은 사람이 상상 이상으로 많다는 사실이었다. 월요일마다 받게 된 사업 아이디어들은 그야말로 혁신적이었다. 이대로만 한다면 정말 나도 일주일에 네 시간만 일하고 천만 원 이상 벌 수 있겠다는 생각이 들었다.

매주 오는 사업 아이디어들을 살펴보면서 나에게 딱 맞는 아이디어를 찾고 있던 어느 날 갑자기 신태순 대표님에게서 직접 연락이 왔다. 나는 떨리는 마음으로 전화를 받았다.

"안녕하세요, 사장님. 보통은 문의도 하고, 질문도 한 후에 고민해서 멤버십 가입을 하시는데 전화 한번 없이 바로 가입하셨기에 궁금해서 전화드렸어요."

"아, 보통 전화를 먼저 하는군요. 저는 아이디어가 궁금해서 바로 결제했어요. 혹시 주말에 시간 되시면 만나 뵐 수 있을까요?"

"네, 그럼 이번 주 토요일 ○시에 ○○역에서 봬요."

사업의 시스템 자체가 사무실이 필요 없었기 때문에 카페에서 이야기를 나누겠거니 하고 떨리는 마음으로 약속 장소에 도착했다.

"오, 사장님. 안녕하세요, 반갑습니다. 제가 오늘 결혼식을 가야 해서, 지하철에서 이야기해도 괜찮을까요?"

어디서 이야기하든 크게 중요치 않았다. 다만 놀랐던 것은 한 회사의 대표가 지하철을 탄다는 사실이었다. 그때만 해도 대표라고 하면 무조건 좋은 외제차를 타거나, 직접 운전을 안 한다면 택시를 타거나 기사를 두는 게 당연하다고 생각했다. 또 한 번 내가 우물 안 개구리라는 것을 느꼈다. 세상에 무조건이라는 것은 없고, 틀을 깨는 상황과 사람은 언제나 존재했다. 어쨌든 지하철에서도 충분히 깊은 이야기를 주고받는 것이 가능했다.

"저는 사업 아이디어를 처음 낼 때 열 명에게 물어봐요. 잘될 것 같느냐고. 그중 아홉 명 이상이 반대하면 저는 그 아이템을 무조건 진행합니다."

"네? 반대하면 진행한다고요?"

"네, 누구나 다 잘될 것 같다고 하는 사업은 이미 누군가 하고 있거나, 제가 먼저 한다고 해도 경쟁자가 금방 생기거든요. 모두가 안 된다고 하는 사업을 성공시키면 그게 진짜 내 사업이 됩니다."

일반적인 사람들과 정반대로 생각하는 이런 사고방식은 그 당시 정말 혁신적이었다. 이야기를 듣다 보니 신태순 대표님은 아이디어만 보내는 것이 아니라 '해적 마인드'에 관한 강의 등 멤버십 회원들에게 주기적으로 교육도 한다고 했다. 그 이야기를 듣다 보니 번뜩이는 게 있었다.

"대표님, 제가 그 강의들을 서울에서 듣고 연습해서 부산에 퍼뜨리면 어떨까요? 어차피 군 생활 하는 동안 돈은 못 버니까 제 실력과 경험을 쌓고 싶어요."

"아! 좋죠. 어차피 저희도 전국에 사업을 키워야 하니까. 근데 지금은 평일밖에 강의를 안 해서…, 주말에 강의를 하게 되면 알려드릴게요."

뭔가 잘될 것 같았다. 그런데 설레고 다 좋은데, 뭔가가 찝찝한 기분이 들었다. 집에 돌아와서 다시 고민에 빠졌다.

'내가 잘할 수 있을까? 지금은 더 배워야 할 때가 아닐까?'

고민이 무색하게도 한동안 연락이 오지 않았다. 연락이 와도 고민이었을 나에게 연락이 안 왔다는 것은, 오히려 이 일을 안 할 수 있는 좋은 핑곗거리였다. 하지만 신태순 대표님을 통해 나는 분명 사업에 대한 새로운 관점을 배우게 되었다. 역시 한 사람을 알게 된다는 것은 늘 무한의 가치로 연결될 수 있다는 것을 한 번 더 느끼는 계기였다.

원점으로 돌아가 결국 다시 독서의 힘을 빌리기로 했다. 스타트업, 창업, 사업 운영 등에 관한 책들을 무작위로 사서 읽기 시작했다. 맨땅에 헤딩 해 성공한 사람들의 스토리와 창업에 대한 이론까지 두루두루 읽었다. 나름 열심히 공부했지만 안타깝게도 갑자기 번뜩 아이디어가 떠오르는 식의 특별한 일은 결코 일어나지 않았다. 그때는 오히려 공부를 하면 할수록 군대 안에서 할 수 있는 일은 아무것도 없다는 패배감과 상실감에 빠져 있던 시기였다. 주변에 만약 나와 비슷한 상황을 겪은 사람이 있었다면 큰 도움이 되었겠지만, 주변을 아무리 둘러봐도 그런 사람은 없었다.

삶의 확신과 자존감을
되찾아준 1,100만 원짜리 강의

– 심길후 한국영업인협회장

'제대할 때까지는 계속 공부를 하자, 사회에 나가자마자 바로 사업을 시작할 수 있도록.'

결국 고민 끝에 내린 결론이었다. 이렇게 마음을 먹고 나자 한결 편안해지기 시작했다.

배워야 할 것들을 하나둘씩 적어 내려가다 보니 사업가가 알아야 할 것들이라고 정해진 것은 없지만 한 가지 무조건적인 공통점은 있었다. 돈을 벌려면, 적어도 무언가를 팔려면 영업을 해야 한다는 것이었다. 아무리 좋은 것을 만들고, 좋은 능력을 가지고 있어도 그 사실을 아무도 몰라준다면 의미가 없으니 말이다. 영업이야말로 인간관계의 최대치라고 생각되었다. 그래서 영업을 한번 제대로 배워보기로 했다.

황준석 소장님과 신태순 대표님을 만나면서 가장 크게 느낀 것이 하나 있었다. 바로 돈으로 시간을 살 수 있다는 사실이었다. 한 달을 고민하고, 일 년을 고민해도 못 찾을 해답을 그 분야에서 이미 정답을 찾은 사람에게 물어보면 한 시간도 안 돼서 구할 수 있었다. 항상 정답을 얻는 것은 사람과의 만남에서였다. 숱하게 고민하고 엄청난 목표를 향해 그저 열심히 하는 것만이 능사가 아니라 어떤 것이든 그 분야에서 경지에 오른 사람들을 통해 배울 게 훨씬 많았다. 그래서 나는 그때부터 책보다는 사람을 더 좋기 시작했던 것 같다. 다행히 나는 월급을 받기 때문에 또래들에 비해 시간은 부족한 대신 모아놓은 돈이 있었다.

'이 돈으로 또래들이 절대 하기 힘든 경험들을 사야겠다. 뭔가를 배우거나 새로운 사람들을 만나는 것에는 돈을 아끼지 말자. 그게 내 경쟁력이다.'

영업을 배우기로 마음먹고 인터넷에서 관련된 강의를 찾기 시작했다. 인터넷에 '영업 강의'라고 치니까 몇 개의 게시물들이 뜨는데, 특히 상단에 있는 '한국영업인협회'라는 곳이 눈에 확 띄었다.

'아니, 무슨 영업인들 협회가 다 있어? 협회면 뭔가 정석으로 가르쳐주려나?'

단순한 호기심에 클릭했던 나는 경악을 금치 못했다. 카페의 메인화면에 수강생들의 사진이 걸려 있었는데, 그중 가장 위에 연부연의 황준석 소장님과 버터플라이인베스트먼트의 신태순 대표님의 얼굴이 있는 것이 아닌가. 둘 다 이 협회의 수강자였던 것이다. 한참 동안 기분이 묘해서 입을 다물지 못했다. 내가 그 사람들을 만나면서 인생이 바뀌었던 것처럼, 그 사람들 또한 누군가를 통해 인생이 바뀌었던 것이다.

'아, 여기가 근원지였구나.'

정신을 차리고 협회의 강의를 찾아보니 듣고 싶은 강의의 가격은 1,100만 원이라고 씌어 있다. 그보다 당황스러웠던 것은 이 말도 안 되는 강의료 자체가 아니라 내가 1,100만 원이라는 강의료에 별로 거부감을 느끼지 않았다는 사실이다. 이미 황준석 소장님과 신태순 대표님의 후기를 본 나는 정신이 나가 있었다. 단순히 1,100만 원이라는 금액 자체만 보았다면 사기라고 생각하거나 한참 동안 고민했겠지만, 내가 실제로 만나서 영향을 받았던 사람들의 얼굴을 확인한 후라 상황이 달랐다.

나는 바로 통장 잔액부터 확인했다. 통장 잔액은 약 800만 원 정도. 돈이 좀 부족했다. 그래도 일단 직접 찾아가서 상담을 받아보기로 했다. 부족한 부분은 할부로 내면 되니까. 그 주말에 바로 협회로 찾아갔다. 물어볼 질문은 정해져 있었고, 이것만 확실하다면 1,100만 원도 불사할 각오가 충분히 되어 있었다.

들어가자마자 상담해주시는 분에게 물었다.

"신태순 대표님이랑 황준석 소장님이 진짜 여기 출신이 맞아요? 제가 군인인데, 여기 강의를 들으면 바로 사업을 시작할 수 있을까요?"

"네, 신태순 대표님과 황준석 소장님 두 분 다 협회에서 교육받고 삶이 바뀌셨죠. 군인이셔도 그 정도 문제는 회장님과 이야기하시다 보면 어떻게든 방법을 찾아주실 겁니다. 회장님은 생각 자체가 일반인과 다르시거든요."

더 이상 물어볼 것도, 지체할 필요도 없었다. 나는 본능적으로 확신하고 있었다. 회장님이라는 분을 만나게 되면 분명히 내 인생이 변할 것이라는 사실을 말이다.

"알겠습니다. 그러면 이걸로 800만 원 결제하고, 나머지는 6개월 할부로 해주세요."

나는 그 자리에서 고민도 안 하고 바로 1,100만 원을 결제했다. 이날은 내 인생에서 나 자신에게 가장 큰 돈을 투자한 날이다. 그렇게 영업인협회에서 만나게 된 회장님과 수강생들은 나의 인생을 완전히 뒤바꿔놓았다.

결제를 한 후 강의를 들으러 가보았다. 내가 등록했을 당시 이미 몇 주째 강의가 진행되고 있었다. 나는 처음 강의에 들어갔던 날을 아직도 잊지 못한다. 맨 처음 교육장에 들어가기 전까지만 해도 1,100만 원을 내고 강의를 듣는 사람이 과연 몇 명이나 있을까 생각했다. '있어봤자 몇 명 정도 있겠지' 하는 마음으로 교육장의 문을 열었을 때 나는 놀라지 않을 수 없었다.

과연 몇 명이나 있었을까? 1,100만 원을 내고 강의를 들으러 온 미친(신기하고 대단한) 사람들이 100명은 족히 넘었다. 그곳에는 정말 다양한 분야의 사람들이 모여 있었다. 부동산 중개업, 보험 영업, 임플란트 영업, 식기세척기 영업, 학교 음식 납품을 하는 분들부터 영어학원 원장, 심지어 변호사까지 너무나 다양한 분야의 사람들이 자리를 가득 메우고 있었다. 대부분이 나이가 좀 있으신 분들이라 말이 통할까 걱정했었는데, 지금은 이분들이 오히려 친구들보다 대화가 잘 통할 때가 많다.

그전까지만 해도 어른들은 전부 다 부모님과 비슷한 가치관을 갖고, 안정적인 직장이 최고라고 생각하며 사는 줄 알았다. 그러나 이 강의를 통해 새로운 사람들을 만나면서 어른들에 대한 고정관념이 깨지고, 더 이해할 수 있게 되었다. 대화가 잘 통하는 중요한 기준은 나이가 아니었다. 이런 경험을 통해 나이에 대한 고정관념뿐만 아니라 사업에 대한 고정관념, 행복에 대한 고정관념 등등 내가 가지고 있는 고정관념을 탈피하기 위해서라도 최대한 더 많은 사람들과 다양한 관점들을 경험해야겠다는 생각이 들었다.

한국영업인협회 심길후 회장님의 강의는 영업 스킬에 관련된 내용을 전수하는 것뿐만이 아니라 수강생들의 고정관념을 깨고 잠재력을 깨울 수 있도록 끊임없이 뇌를 자극했다. 나는 꽤 뇌가 열려 있다고 자부했었는데 이 정도로는 어림도 없었다. 매 주말 강의시간마다 끊임없이 알고 있던 기본상식들이 깨부숴졌다.

이 강의를 통해 어떤 아이템도 사업화시킬 수 있겠다는 확신이 생겼고, 돈에 대한 생각도 바뀌었다. 무작정 부지런히, 열심히만 하면 된다는 생각, 잔꾀 부리지 않고 성실하게 하면 뭐든지 된다는 생각이 내가 갖고 있던 사업에 대한 이미지였다. 그런데 물론 부지런하고 열심히 하는 건 매우 중요하지만, 그것은 선택일 뿐 필수적인 요소는 아니었다. 성실보다는 효율이 먼저였다. 무엇보다도 실행력을 끊임없이 강조해주는 것이 너무나 좋았다.

"자신의 첫 도전에 대한 결과가 부끄럽지 않다면 시작이 너무 늦은 것이다."

오죽하면 나는 아직까지도 이 말을 가슴속에 새기며 산다.

사업을 하겠다고 마음을 먹고 난 이후 처음에는 아무 생각 없이 부모님뿐만 아니라 주변 사람들, 친구들에게도 이야기를 했었다. 반응이 어땠을까? 군이 말 안 해도 예상이 될 것이다. 한심한 눈빛으로 "그냥 군인이나 해"라는 말에 덧붙인 잔소리 또는 철저한 무관심이 전부였다. 친하다고 생각했던 사람들마저 이런 반응을 보이니 당연히 같이 일을 하고 있는 사람들이나 처음 보는 사람들에게는 말도 꺼내지 못했다. 굳이 나서서 좋지 않은 에너지를 받고 싶지는 않았다.

반면에 같이 교육을 들었던 수강생들과는 동등한 관계에서 정보를 공유하고, 서로 물어볼 것이 있으면 전혀 거리낌 없이 연락할 수 있었다. 진심으로 나를 응원해주고 존중해주는 집단이 거의 유일하다 보니 주말마다 신이 나서 교육을 들으러 다녔다. 그 덕분에 주변 사람들로 인해 무너졌던 삶에 대한 확신과 자존감을 되찾을 수 있었다.

나는 삶에 대한 확신과 자존감이 성공을 위한 가장 중요한 재료라고 생각한다. 1,100만 원의 교육은 나에게 가장 중요하지만 그동안 결핍됐던 것들을 제공해주었다. 자존감과 삶에 대한 확신을 줄 수 있는 사람들과의 만남을 선물해주었고, 그 사람들은 나의 인생을 지속적으로 성장시켜주었다.

성공하려면 만나는 사람과 환경을 바꿔라

– 이영석 총각네 야채가게 대표

한국영업인협회에서 강의를 듣기 시작한 지 한 달 정도 지났을 때쯤 초청강사로 '총각네 야채가게' 이영석 대표님이 왔다. 당시 십대들이 아이돌을 실제로 처음 봤을 때 이런 기분일까 싶을 정도로 가슴이 떨렸다. 나는 이영석 대표님의 책뿐만 아니라 인터넷에 올라와 있는 강연까지 진즉에 다 본 상태였다. 멋진 마인드를 가지고 있는 데다 강연 스타일 또한 너무나 본받고 싶은 분이었다. 역시 강연은 기대했던 것 이상으로 최고였다. 에너지가 넘치면서도 위트 있고, 가식이 없었다.

강연이 끝난 후에는 멀리서 온 사람들에게 질문할 기회가 주어졌다, 물론 부산에서 온 나에게도. 내 순서는 여덟 번째였다.

다행히도 순서가 돌아올 때까지 어떤 질문을 할지 생각할 시간이 있었다. 질문의 목표는 명확했다.

'어떻게 나라는 사람을 이영석 대표님의 머리에 새길 것인가?'

드디어 내 순서가 왔고, 떨리는 몸을 진정시키며 최대한 패기 있는 목소리로 질문을 던졌다.

"제가 얼마짜리 음식을 대접해드리면 형님과 식사를 할 수 있겠습니까?"

대표님이라는 호칭은 월급을 주는 사람에게만 하라고 하셨기에 형님이라는 호칭을 썼다. 또 강연 내용을 들으며, "무언가를 얻기 위해서는 마땅한 대가를 지불하라"는 말이 핵심으로 느껴졌다. 그리고 그 대가를 지불하는 배짱을 굉장히 높게 사신다는 것도 말이다. 짧은 순간 모든 데이터를 종합한, 나름의 체계화된 질문이었다. 이영석 대표님의 대답은 생각보다 간단했다.

"오, 얼마까지 낼 수 있는데?"

이제 강의실에 있는 100여 명의 사람들이 전부 다 나만 쳐다보고 있었다. 적잖게 당황했지만 수많은 사람들 앞에서 쪽팔리기도 싫었고, 여기서 어중간한 금액을 불러서 이도 저도 아니게 이영석 대표님과의 인연을 끝내는 것은 더더욱 싫었다. 그래서 철저히 투자자의 입장에서 접근해보기로 했다.

'어차피 나는 무조건 한 달에 천만 원 이상 벌게 될 거다. 그리고 이영석 대표님은 그 시기를 무조건 한 달 이상 앞당겨줄 것이다. 설령 그렇지 않더라도 이건 분명 내 스토리가 될 거다.'

이는 단순한 배짱이 아닌 나에 대한 확신이었다.

"제가 천만 원까지는 대접해드릴 수 있습니다."

"그럼 그냥 천만 원을 가져와. 밥은 내가 사줄게."

그러고는 돈이 준비되면 전화하라며 휴대전화 번호를 알려주고 가셨다. 이영석 대표님이 돌아간 후 사람들은 내게 와서 말했다.

"진짜 조현우 사장님은 최곤 거 같아요."

"와, 진짜 멋있었어요."

그날은 정신이 없었다. 사람들은 돌아가면서 똑같은 질문을 계속 했고, 얼떨결에 스터디의 팀장이 되었으며, 팀장들끼리 모여서 그중에 총무를 또 뽑는데 거기서도 뽑히게 되었다. 이영석 대표님에게 질문을 했던 게 아마 서로 처음 보는 사람들 사이에서 눈에 띄지 않았나 싶다. 그렇게 나는 경상남도 팀의 팀장인 동시에, 팀장들의 말을 빌려 표현하자면 '팀장 of 팀장'이 되었다. 태어나서 단 한 번도 공부를 잘한다는 말을 들어본 적 없고, 똑똑하단 소리는 당연히 들어본 적 없던 내가 이곳에서는 100명을 대표하는 사람이 되고, 팀원들이 가장 좋아하고 믿고 따르는 사람이 되었다.

이영석 대표님이 돌아간 후 내 모든 정신은 '천만 원을 어떻게 구할 것인가'에 집중되어 있었다. 모든 사람들이 나에게 멋 있다고 말해주는데 실망시킬 수는 없었다. 아마 주변 사람들이 "미친 거 아니에요? 천만 원이 무슨 애 이름도 아니고, 사기당 하기 딱 좋은 성격이네"라고 말하는 분위기였다면 아마 돈을 구하지 않았을지도 모르겠다.

나를 믿고 천만 원을 빌려준다는 친구도 있었지만 차마 받을 수 없었다. 그래서 휴가를 쓰고 은행에 가서 마이너스 통장을 만들기로 했다. 태어나서 처음으로 만드는 마이너스 통장이었 지만, 다행히 군인이라는 안정적인 직장 덕분에 절차가 수월했 다. 통장이 만들어지자마자 바로 이영석 대표님에게 전화를 걸 었다. 또박또박 떨지 않고 이야기하기 위해서 전화를 걸기 전에 이 짧은 말을 얼마나 연습했는지 모른다.

"형님, 천만 원짜리 식사 대접 하겠다고 말했던 사람입니다. 제가 앞으로 스승님으로 모셔도 될까요?"

"그래, 너 언제 시간 되냐?"

이영석 대표님도 내 연락을 기다리고 있었다. 이제 우리의 관 계는 내가 어떻게 하느냐에 따라 달려 있었다.

"주말밖에 서울에 못 가는데 토요일에는 강의를 들어야 하고, 일요일에는 하루 종일 시간이 됩니다."

그렇게 일요일로 약속을 잡았다. 천만 원을 폼 안 나게 계좌 이체 할 수는 없었기에 난생처음으로 천만 원이라는 돈을 현금으로 뽑았다. 5만 원짜리 200장. 돈의 실제 무게인지, 그 가치의 무게인지 모르겠지만 아무튼 무겁게 느껴졌다. 이왕이면 멋있게 신권으로 가져가고 싶었는데 아무리 은행을 돌아다녀도 신권이 없어서 아쉬웠다.

출금한 돈을 들고 약속 장소로 가는 길에 정말 미친 듯이 떨렸다. 돈이 아깝다기보다 가방에 천만 원이 들어 있다는 사실이 너무 불안했다. 오히려 돈을 드릴 때에는 얼마나 속이 시원했는지 모른다. 전화 통화 시 질문을 30개 준비해 오라는 말씀에, 공책에 빼곡히 질문을 적어갔다. 그중 첫 번째 질문에 대한 대답은 지금까지도 잊지 못한다.

"스승님, 여태까지 총각네 야채가게와 교육사업을 운영하시면서 저 같은 젊은이들을 수도 없이 보셨을 텐데 그중에서 저를 어떻게 보셨습니까?"

"너 같은 놈? 너같이 배짱 있는 애가 없어. 지금 너는 내가 볼 때 이미 100프로 성공했어. 이런 배짱을 가진 사람이 없어. 1프로만 더 채워서 101프로가 되면 넌 독보적이 되는 거야. 그 1프로는 이제 내가 만들어줄게."

"친구들을 최대한 만나지 말고, 지금부터 만나는 사람을 바꿔. 내가 너 시간 될 때마다 사람들 소개시켜줄 테니까, 네가 평생에 한 번 만나기도 힘든 사람들. 좀 이따가 가서 정장이랑 머리도 새로 해. 셔츠도 매일 바꿔 입을 수 있게 요일마다 한 개씩 다섯 개 맞춰줄게. 오늘은 우리나라에서 맞춤정장을 제일 잘하는 곳에 가, 주소 찍어줄 테니까. 머리도 우리나라에서 제일 좋은 곳에서 잘라. 전화해서 말해놓을 테니까 돈은 내지 말고 그냥 가서 해. 그리고 다 끝나면 나한테 전화해."

"(전화) 재호야, 내가 사랑하는 후배 한 명 보낼 테니까 세상에서 제일 멋지게 머리 잘라줘. 돈은 내가 줄 테니까 따로 받지 말고."

"(전화) 용희야, 내가 사랑하는 후배 한 명 보낼 테니까 정장 하나 세상에서 제일 멋진 걸로 맞춰줘, 돈은 따로 받지 말고. 내가 보내줄게."

듣기만 해도 심장이 떨려왔다. 그리고 그날, 이 모든 것은 정말 하루 만에 다 이루어졌다.

정확히 내가 원하는 결과였다. 만나는 사람들과 환경을 바꾸는 것. 이영석 대표님은 내 인생을 바꾸기 위해 가장 먼저 필요한 조건들을 갖춰주었다.

더 높은 목표를 위한
작은 길목에서의 인연

이영석 대표님과 헤어진 뒤 가장 먼저 청담역의 에비뉴
준오를 찾아갔다. 그리고 한재호 부원장님을 처음 뵙게 되었다.
그분은 나한테 궁금한 게 많으신 듯했다.

"형님이랑 어떻게 알게 된 거예요? 갑자기 전화하셔서 이러
신 적이 없는데."

천만 원에 대한 스토리를 말씀드렸더니 무슨 생각인지 모를
듯한 표정으로 말을 이어가셨다.

"그걸 진짜 받으셨어? 대박이다. 근데 무조건 그 이상으로 돌
려주실 거예요. 저는 평생 형님 머리를 잘라드리기로 했거든요.
나도 나지만 정말 대단하시네요."

커트 비용은 5만 원 정도였다. 그런데도 손님들이 이렇게 바글거리는 걸 보면 정말 우리나라에 돈 많은 사람들이 많긴 많은 가 보다 생각했다. 차들은 대부분 외제차였고, 사람들은 티셔츠 하나만 입고 와도 왠지 부자 같아 보였다. 머리 한번 자르러 가서 완전히 기가 눌리는 느낌이었다.

머리를 자르면서 무엇보다 좋았던 것은 재호 형님과의 대화였다. 그중 기억에 남는 말이 있다.

"미용사로서 청담동에 있다는 것은 축구로 치면 프리미어리그에서 뛰고 있는 것과 같아요. 저도 사실 다른 데 가서 숍 하나차리면 지금보다 훨씬 많이 벌겠죠. 근데 더 높은 목표가 있으니까 여기 있는 거예요."

그러면서 프리미어리그에 오기까지 얼마나 많은 노력을 했는지에 대한 스토리를 솔직하게 들려주셨다. 더 많은 이야기들을 듣고 싶었지만, 아쉽게도 다음 일정을 위해 서둘러 움직여야만 했다.

다음 일정은 맞춤정장을 전문으로 하는 포튼가먼트에 가는 것이었다. 이용희 대표님이 있는 강남 본점으로, 스승님이 보내주신 주소에 도착해보니 4층짜리 건물이 뭔가 웅장해 보이기까지 했다. 태어나서 맞춤정장을 입을 일이 전혀 없었으니 생소하기도 했고, 마치 영화 〈킹스맨〉에 나오는 테일러숍의 확대판 같은 느낌이었다. 일하는 직원들마저 정장을 멋지게 차려입고, 수려한 외모를 뽐내고 있으니 괜스레 또 기가 죽는 듯했다. 물론 겉으로는 '나 이런 곳에 많이 와봤어'라는 느낌을 억지로 풍기려고 노력했다.

어쨌든 미리 용희 형님과 연락을 한 덕분에 매장에 들어가자마자 직원들의 안내를 받아 4층으로 올라갈 수 있었다. 대표실과 VVIP 접대실은 4층에 있었다. 그 순간 얼마나 뿌듯했는지 모른다. 심지어 이런 생각까지 들었다.

'내가 만약 스승님을 만나지 않았다면 평생 여기 4층을 올라올 일이 있었을까? 아마 많이 힘들었겠지?'

"안녕하세요, 이영석 대표님 말씀 듣고 왔습니다. 조현우라고 합니다."

"아, 네, 안녕하세요. 말씀 들었습니다. 여기 앉으세요."

생각했던 이미지와 달리 용희 형님은 첫인상이 되게 좋으셨다. 조용하면서도 젠틀하고, 재밌고, 무엇보다 멋있었다. 남자라면 누구나 슈트에 대한 로망이 있는데, 그 로망을 현실로 이룬 분이라서 더 멋있게 느껴졌는지도 모르겠다. 서른세 살의 나이에 전국에 수십 개의 지점을 가진 맞춤정장 회사의 대표라니, 대박이었다. 그리고 내가 이런 사람을 만나서 편하게 대화를 나눌 수 있다는 것 자체도 대박이었다. 대화는 재호 형님을 봤을 때와 비슷하게 이어졌다. 성인 남자 둘이 처음 만나서, 서로 아는 것 하나 없는 상황에서 무슨 대화거리가 있었겠는가.

"저는 처음에 대표님이 전화하셔서 잘 챙겨주라고 하시기에 재벌 2세라도 보내시는 줄 알았어요. 이런 적이 처음이라…, 어떻게 된 거예요?"

다들 처음이라고 하는 것을 보니 정말 나 같은 경우가 없었구나 싶었다. 묘한 뿌듯함을 느끼면서 다시 한 번 천만 원에 대한 이야기를 조심스레 말씀드렸다.

"와, 그래서 진짜 돈을 받으셨어? 대박이다. 본인이 하기 나름이겠지만, 이제 대표님이 아마 몇 십 배, 몇 백 배로 돌려주실 거예요. 저 어렸을 때가 생각나네요. 무조건 성공할 겁니다."

약간의 가벼운 대화 후 정장 사이즈를 재기 위해 아래로 내려 갔다. 그때 당시 용희 형님이 직원분에게 했던 "내 친한 후배니까 잘 좀 챙겨줘"라는 한마디가 얼마나 기분 좋게 들렸는지 모른다, 아직도 그 기억이 생생할 정도로.

'세계 최고의 강연자'라는
꿈을 찾아준 은인

맞춤정장의 **사이즈를** 잰 후 이영석 대표님이 소개시켜
준 스물여섯 살 범석이라는 친구와 같이 밥을 먹기 위해 만났
다. 이 친구는 키도 185센티미터는 되고, 심지어 얼굴도 잘생겼
다. 하, 동갑이라서 좀 편할 거라 기대했는데 실제로 보니 나이
만 같은 다른 세계의 사람이었다. 집도 거의 준재벌 수준이라고
들었는데 대화가 통하긴 할지 불안했다.

"안녕하세요. 오우, 진짜 잘생기셨네요."

"아니에요, 우리 동갑인데 그냥 말 놓자."

범석이는 심지어 쿨하고 남자다우면서 젠틀하고 착하기까지
했다. 어쨌든 우리는 애써 대화를 이어나가며 저녁을 먹기 위해

번화가로 갔다. 그리고 우리가 처음으로 들어간 곳은 1인분에 9,900원 하는 꽤 맛있는 곱창집이었는데, 입맛이라도 잘 맞아서 다행이라는 생각이 들었다. 우리는 무언가 의무적인 느낌으로 소주까지 같이 먹었다.

범석이는 현재 '더 비기닝(The Beginning)'이라는 카페를 도봉구에서 운영하고 있고, 단순히 카페 운영뿐만이 아닌 브랜딩 사업을 계획하고 있다고 했다. 범석이와 대화를 하면 할수록 내가 우물 안 개구리만도 못하다는 사실을 깨닫게 되었다.

우리는 "다음엔 진짜 더 친해지자"는 말과 함께 서로 포용하고 헤어졌다. 범석이와는 그 후에도 주기적으로 연락하고, 카페에도 찾아갔었지만 언제부턴가 서로 연락이 뜸해지면서 지금은 연락을 하지 않고 있다. 이 책이 출간되고 범석이와 좀 더 풍부하게 대화를 나눌 수 있게 되면 자연스럽게 다시 친해질지도 모르겠다.

어쨌든 다시 원래 스토리로 돌아가서, 범석이와 헤어진 후에 바로 스승님께 전화를 드렸다.

"스승님, 방금 범석이랑 헤어졌습니다. 오늘 일정 다 끝났는데 스승님 댁으로 가면 되나요?"

"어, 그래? 내가 주소 찍어줄 테니까 여기로 와."

어쩐지 떨렸다, 내가 스승님의 집에 들어갈 수 있다니. 보내주신 주소가 범석이와 헤어진 곳에서 별로 멀지 않아 생각보다 금방 도착했지만, 아파트 단지가 상당히 커서 주소에 적힌 동을 찾기가 어려웠다. 집으로 들어가니 다소 편한 복장의 스승님이 들어오라며 반겨주셨다.

"오늘 재밌었어? 하루 종일 느낀 것 세 가지만 말해봐."

미리 머릿속에 정리를 해놨었기에 다행히 나는 막힘없이 술술 대답할 수 있었다.

"너무 재밌다 못해 신기한 하루였습니다. 일단 첫 번째로 왜 돈을 벌어야 하는지를 느꼈습니다. 많은 돈을 주면 그만큼의 가치가 있었어요. 여태까지 살면서 한 번도 경험해본 적이 없어서 몰랐는데, 어떤 물건이나 서비스의 가격이 높은 것은 단순히 비싸기만 한 것이 아니었습니다. 그 높은 가치를 구매할 만큼의 돈이 저에게 없어서 너무 비싸다고 치부해버리고 거들떠보지도 않았던 것 같습니다.

두 번째로 만나는 사람을 왜 바꿔야 하는지 알았습니다. 저는 제 주변 사람들에게 항상 '군인이나 해, 너는 아직 사회가 얼마나 힘든지 몰라서 그런 소릴 하는 거야' 같은 잔소리만 들었거든요. 근데 오늘 만난 분들은 오히려 제가 군인 신분인데도 이렇게 열정적으로 산다며 칭찬을 해주었습니다. 무조건 성공할 거라면서 응원해주었어요. 여태까지 항상 저의 행동에 의구심을 가지고 과연 잘하고 있는 걸까 걱정했었는데 이제 확신이 생겼습니다. 제 생각이 잘못된 것이 아니라 제 주변에 저와 다르게 생각하는 사람들을 많이 두고 있었을 뿐이었어요.

세 번째로 밤낮 없이, 주말도 없이 일한다는 말의 편견이 깨졌습니다. 이 말 뜻이 매일같이 야근하고 주말에도 출근해서 일하는 직장인들이랑, 회사 걱정 때문에 일에 미쳐서 가족도 잊고 취미도 없이 사는 사장들을 부정적으로 말하는 건 줄 알았는데요, 오늘 보니까 밤낮 없이, 주말도 없이 일한다는 말은 하루 24시간, 밤과 낮 시간을 자기가 직접 조절해서 사용할 수 있다는 뜻이더라고요. 회사의 정해진 스케줄대로 살아가는 게 아니라 내가 만든 스케줄대로 살고 싶다는 생각을 했습니다. 꼭 그렇게 될 거라고 믿고요."

"그래, 오늘 하루 정말 의미 있게 보내고 왔네. 앞으로도 내가 이런 하루들을 더 만들어줄 거야. 내가 가방 하나 줄 테니까 지금 매고 온 거 버리고 이거 써. 수요일까지 휴가랬지? 내가 장소 찍어줄 테니까 내일 아침에 거기로 와."

다음 날 아침, 전화가 왔다.

"너 오늘 저녁에 할 거 없지?"

"네, 당연히 없습니다."

"오늘 저녁에 이규창이라고 연예기획사 대표 결혼식이 있거든. 내가 오늘 일이 있어서 못 가니까 네가 대신 가. 연예인들 많이 오고 재미있을 거야. 어차피 용희도 갈 거니까 미리 연락해서 같이 가면 되겠네."

"알겠습니다."

월요일에 결혼식이라니, 그것도 저녁에. 비공개 결혼식이라 사람들이 별로 안 오나 보다 생각했다. 그런데 식장에 들어가자마자 그 생각은 바로 깨졌다. 웬만한 결혼식장의 서너 배 인원은 온 듯했다. 식장은 또 어찌나 큰지, 식장 양쪽에는 스크린 화면이 뜨는데 웬만한 영화관 못지않은 크기였다. 평생 볼 연예인을 거기서 다 봤던 것 같다. 축가를 윤도현이 부르고, 사회를 전현무가 보고 있으니 TV 생방송을 보는 듯한 느낌이었다. 가장 기대했던 것은 호텔식 코스 요리였는데 너무 기대한 탓인지 생각보다 맛있지는 않았다.

결혼식이 끝난 후 33세미나의 뒷풀이 장소에서 스승님을 다시 만났다.

"내일은 내가 부산에 있는 집 주소랑 비밀번호 알려줄 테니까 같이 성공하고 싶은 친구 데려가서 하루 자고 와. 태어나서 봤던 것 중에 제일 좋은 집일 거야. 가서 하루 자고 왜 성공해야 하는지 직접 보고 느껴봐."

그 순간 바로 떠오른 것은 민창이었다. 민창이가 어떻게 나와 같은 길을 가게 됐는지는 뒤에서 다시 이야기하도록 하겠다. 참고로 말하자면 민창이는 강원도 원주에서 근무하고 있었다. 거리가 워낙 멀어 잠시 고민하던 민창이는 흔쾌히 수락했다. 시간 절약을 위해 우리는 서울에서 같이 비행기를 타고 부산으로 내려갔다. 길을 꽤 헤매긴 했지만 어쨌든 결국 목표지에 도착했다. 그리고 문을 여는 순간 우리는 말문이 막혀버렸다. 한참 뒤 민창이가 먼저 말을 꺼냈다.

"성공하자, 진짜."

아마 나와 비슷한 느낌이었을 것이다. 해운대의 야경이 거실 통유리 창문에 꽉 차 있는 것이 마치 한 폭의 그림 같았다. 민창이와 나는 거실 불도 안 켜고 멍하니 해운대 야경을 즐겼다. 비 오는 풍경을 즐기며 독서 의자에 앉아 책도 읽었다. 영화에서나 보던 밖이 보이는 욕조에서 목욕을 하며 유튜브로 유명한 연사들의 강연도 봤다. 그러면서 '언젠가 나도 저런 무대에 서서 강연을 하고, 이런 집에 살아야겠다'고 한 번 더 다짐했다.

그날 밤 민창이는 고맙다며 최고급 참치와 고래고기를 사줬다. 평소 같았으면 비싸다고 절대 안 먹었을 텐데 그날은 이 정도의 사치는 부려줘야 될 것 같은 느낌이었다.

집에 돌아온 나는 스승님께 전화를 드렸다.

"스승님, 사람이 정말 보고, 듣고, 느끼는 게 전부인 것 같습니다. 이번 휴가 동안 보고 느꼈던 것들을 절대 잊지 않겠습니다."

이영석 대표님을 통해 알게 된 사람들을 일일이 열거하자면 끝이 없다. 나는 성장하는 많은 사람들 사이에서 함께 성장할 수 있게 되었다. 행복한 사람들 사이에서 함께 행복하게 되었다. 부자들 사이에서 왜 부자가 되어야 하는지 깨달았고, 어떻게 부자가 되는 것인지 이해하게 되었다. "환경이 사람을 만든다"라는 말이 이런 뜻인가 하는 생각도 들었다. 그동안 수도 없이 애를 쓰며 엎어졌다 일어났다를 반복하고, 주변 사람들과 부딪히며 힘들었던 기억이 주마등처럼 머릿속을 스쳐갔다.

이영석 대표님은 내가 요일마다 바꿔 입을 셔츠를 맞춰주었는데, 소매에는 각각 이런 글귀가 적혀 있다.

- 즉시, 반드시, 될 때까지
- 기회는 내가 만든다.
- 꿈, 열정, 도전
- 경험이 최고의 스승이다.
- 세계 최고의 강연자 조현우

예전 같았으면 '이런 걸 어떻게 새기고 다니지?'라고 생각했겠지만 이번에는 달랐다. 마음에 새기는 것과 실제로 옷에 새겨서 항상 보이게 해놓는 것은 다른 결과를 가져왔다. 특히 다섯 개의 글귀 중에서도 가장 쑥스러웠던 '세계 최고의 강연자 조현우'라는 글귀는 이제 내 삶의 원동력이자 이루어야 할 꿈이 되었다. 이영석 대표를 만나고, 천만 원짜리 식사를 한 후 내 삶은 다시한 번 180도로 변하기 시작했다. 그리고 다시 한 번 깨달았다.

'만나는 사람을 바꿔야 인생이 바뀌는구나.'

2

지금 당장
만나는 사람을
바꿔라

옳은 길로 가는 1%,
벼랑으로 가는 99%

나는 사람들에게서 극단적이라는 평가를 많이 받곤 한다. 다행히 나름 긍정적인 성격이기에 그 말은 곧 '주관이 뚜렷하다'라는 뜻으로 들린다. 그렇게 보면 엄청난 극찬이다.

"요즘 사람들은 벼랑에서 떨어지더라도 사람이 많은 곳으로 가려고 한다."

유명인의 말이었다면 조금 더 신빙성이 있겠지만, 아쉽게도 이 말은 내가 주변 사람들에게 자주 하고 다니는 말이다. 취업하기 위한 학력, 학점, 자격증, 스펙, 봉사활동, 대외활동, 토익, 제2외국어 등을 어렸을 때부터 기계처럼 쌓아가는 친구들을 보면 참 안타까우면서도 대단하다는 생각이 든다. 나는 목에 칼을 들어온대도 그렇게는 못할 것 같다. 그렇다면 왜 대부분의 사람들이 이렇게 획일화된 공부를 하고 있을까?

학생 때에는 성적이 수치로 명확하게 나오기 때문에 점수만으로도 등수가 깔끔하게 정해진다. 너무나 명확하기 때문에 더 이상 반론의 여지가 없다. 학교 시험에서 등수를 올리기 위해서는 '똑같은 문제'를 남들보다 더 많이 맞춰야 하는데, 우리는 어릴 때부터 이 등수가 인생의 행복 지수와 비례한다고 세뇌당해왔다. 등수가 낮으면 "넌 커서 뭐가 되려고 이렇게 공부를 안해!"라고 혼나고, 성적이 높으면 선생님, 부모님 등 모든 어른들에게 칭찬을 받았다. 이 문화가 성인이 되어서도 지속되고 있는데, 이것은 굉장히 위험한 현상이다.

성인이 된 후의 사회는 청소년 때와 큰 차이가 있는데, 그중 가장 중요한 변화는 '비교'의 기준이 달라진다는 것이다. 인간 사회에서 비교는 행복과 성공의 기준에서 빼놓을 수 없는 요소다. 청소년 시기의 비교는 99퍼센트 이상이 성적과 귀결된다. 따라서 곧 청소년기의 성공은 대부분 높은 학교 성적을 의미한다. 그럼 성인이 된 후에는 어떨까? 대학생들만 봐도 학점 높은 친구를 우러러보지는 않는다. 오히려 이 시기부터는 '사교성 좋은 친구, 연애 잘하는 친구, 앞에 나가서 말 잘하는 친구, 다양한 경험이 많은 친구' 등을 부러워하는 경향이 커지기 시작한다. 사람을 보는 기준이 완전히 뒤바뀌어버리는 것이다. 사람들과의 관계와 그 관계를 원활하게 해주는 의사소통 능력, 성격, 다양한 경험들을 중요시하는 것이다. 이 논리는 회사에 들어가면 더 크게 적용된다. 여러분도 한 번쯤 이런 말을 들어봤을 것이다.

"우리 회사는 혼자서 일 잘하는 사람보다 동료들과 어울려서 팀워크를 발휘할 수 있는 직원을 선호합니다."

이것이 요즘의 추세다. 현명한 관리자라면 안다. 혼자서 일 잘하는 직원은 본인이 잘난 걸 알아서 언젠가 떠난다는 것을.

그렇다면 이제 어떻게 인생을 설계해야 할까? 먼저 99퍼센트의 덫에서 벗어나야 한다. 아이러니하게도 남들 다 하는 스펙쌓기로는 어쩌다 운 좋게 취업까지는 할 수 있을지 몰라도 만족스러운 삶을 살기는 어렵다.

우리는 보편성과 안정성을 자주 혼동한다. 남들이 많이 간다고 해서 반드시 안전한 길이라는 생각은 이제 버려야 한다. 뉴스만 봐도 알 수 있다. 대부분의 사람들이 힘들게 일하면서도 불행하게 산다는 사실을 말이다. 해결책은 간단하다. 힘들게 일하지 않고도 만족스럽게 살기 위해 지금 당장 '대부분의 사람'에서 벗어나야 한다.

나는 어떻게 보면 군인이라는 가장 안정적인 직업을 갖고 있었지만 항상 불안했다. 만약 '안정성'이라는 개념이 단순히 직장에서 잘리거나 회사가 망하지 않는 것을 기준으로 한다면 군인이라는 직업보다 안정적인 직업은 없을 것이다. 그런데 우리가 안정적인 직장을 찾는 것은 행복하게 살기 위함이 아닌가? 나는 전혀 그렇지 못했다. 군 생활을 하면서 쉴 새 없이 사람들과의 관계에서 문제를 겪었고, 그럴 때마다 정신적으로 항상 불안하고 위태로웠다. 그래서 본능적으로 깨달았는지도 모른다. 대부분의 사람들이 가진 가치관과 삶의 방식이 나랑은 상극이라는 것을 말이다. 이 사실을 깨달은 후부터 철저한 나만의 인생 기준을 세웠다. 본인의 삶에 정말 만족하고 행복하다고 느끼는 사람이 약 1퍼센트 정도라고 가정하고, 99퍼센트의 사람들과는 정반대의 삶을 살아가기로 했다. 그때부터 나머지 인생에 대한 밑그림이 다시 그려지기 시작했다.

짧은 고민 끝에 제대를 결심하고 안정적인 직장이 아닌 안정적인 나로 살기로 결심했다. 단순히 결심만 했을 뿐인데도 그후의 삶은 정말 많이 바뀌었다. 생전 읽지도 않던 책을 읽기도 하고, 모두가 술을 마실 때 그 시간과 돈으로 새로운 취미들을 하나씩 배워갔다. 공부하기를 지독히도 싫어했던 내가 부사관 동기들 중 최초로 장교로 임관하기도 하고, 몇몇 사람들에게 지식과 정보를 공유할 수 있는 사람도 되었다.

사실 사람들 사이에서 1퍼센트가 된다는 것이 항상 좋은 일이라고 볼 수는 없다. 1퍼센트는 언제나 외로움과 소외의 대상이기 때문이다. 그래서 사람들이 자연스레 99퍼센트의 길을 택하는 것인지도 모른다. 그렇다면 생각을 바꿔보자. 나와 비슷한 가치관을 가진 사람들의 비중이 99퍼센트인 모임에 속한다면 크게 힘들 것이 없지 않을까? 오히려 아등바등 어렵게 살지 않고 그 사람들 사이에 휩쓸려가는 것만으로도 원하는 성과를 낼수 있을지 모른다.

나를 바꾸기 전에
주변 사람들을 먼저 바꿔라

많은 사람들을 만나고 다양한 집단에 속해 있으면서 깨달은 것이 하나 있다. 사람들에게 받는 스트레스와 심경 변화의 대부분은 내가 어떤 사람이냐에 달려 있는 것이 아니라 주변에 어떤 사람들이 많이 있느냐에 좌지우지된다는 것이다.

사람은 태어날 때부터 주변 사람을 따라 하려는 본능이 있다. 이에 대한 확실한 증거가 바로 우리가 쓰는 '언어'다. 아이들은 어릴 때부터 본능적으로 부모가 하는 말과 행동을 따라 하면서 언어를 배운다. 심지어 이 본능을 이용한 영업 기술들이 있을 정도이니 성인에게도 적용된다는 사실이 충분히 증명되었다고 봐도 좋다. 이제 우리는 이 본능을 이용해 많은 것들을 이루어

낼 수가 있다.

사람들은 보통 무언가를 새로 시작할 때 주변에 거창한 계획을 선포하곤 한다. 그래야 지킬 수 있다고 착각하기 때문이다.

"오늘부터 다이어트 해야지! 이제 하루에 한 끼만 먹을 거야."

"이번 달부터는 일주일에 책 한 권씩 꼭 읽을 거야."

이런 계획들은 얼마 지나지 않아 허무하게 무너질 확률이 높다. '다짐'은 언제나 달콤한 반면에 현실은 냉정하다. 의지력이 약한 탓일까? 절대 그렇지 않다. 처음부터 계획을 잘못 잡았기 때문이다.

하루 세 끼에 야식까지 꼬박꼬박 챙겨 먹던 사람이 갑자기 하루 한 끼를 먹는 것이 상식적으로 가능하다고 보는가? 이 다짐을 하는 사람은 방금 전 식사를 너무 배부르게 했을 확률이 높다. 이성적으로 한 계획이라기보다는 잔뜩 나온 배를 보며 자기 위안을 삼는 말에 가깝다는 뜻이다.

일 년 내내 책 한 권도 안 보던 사람이 갑자기 일주일에 한 권을 읽는 것이 가능할까? 현실적으로 불가능하다. 내 주변에도 이틀 만에 한 권을 읽고 '별거 아니네!' 하다가 일 년 동안 책을 거들떠도 안 보는 경우가 많다. 이처럼 주변 상황을 바꾸지 않고 단번에 자신의 습관을 바꾸는 것은 상상 이상으로 어려운 일이다. 사실 거의 불가능에 가깝다. 그러므로 우리는 이런 실패

할 수밖에 없는 다짐을 그만두고 목표를 이루기 위한 새로운 방법을 택해야 한다. 그 새로운 방법이란 내가 먼저 바뀌는 것이 아니라 주변 사람들을 바꾸는 것이다. '사람은 태어날 때부터 본능적으로 다른 사람을 따라 하려는 습성이 있다'는 사실을 이용해서 우리의 목적을 이루어내는 방법이다.

이 방법은 생각보다 간단하면서 지속력도 뛰어나다. 책 읽는 습관을 들이고 싶다면 독서 모임에 가입하고, 모임의 사람들과 친해져서 최대한 많은 시간을 같이 보내라. 옆에서 친구들이 책을 읽고 있는데 혼자 휴대전화를 만지고 있으면 스스로 굉장히 불편함을 느끼게 된다. 그 불편함은 당신의 습관을 바꾸는 원동력이 될 것이다.

게임을 좋아하는 친구들과 하루 종일 어울리면서 일주일에 한 권씩 책을 읽겠다고 다짐하는 것은 전교 꼴등과 어울리면서 전교 1등을 하겠다는 말과 크게 다를 것이 없다. 다이어트도 마찬가지다. 만약 다이어트의 목적이 자신의 몸을 '날씬한 상태로 유지'하려는 것이라면 평소 소식하는 친구들과 시간을 보내면 된다. 많이 겪어봐서 알겠지만, 친구들이 폭식을 하고 있을 때 혼자 다이어트 중이라며 안 먹는 것은 서로 민폐다. 다이어트의 적은 대부분 같이 다니는 친한 친구들이나 가족들임을 명심해야 한다.

물론 만나는 사람을 바꾸는 것도 절대 쉬운 일은 아니다. 또

한 바꾼다고 해서 바로바로 살이 쫙쫙 빠지고, 책이 술술 읽히는 것도 아니다. 다만 '사람은 본능적으로 어색한 것은 하기 꺼린다'는 사실을 부디 기억하기 바란다. 가까운 사람이 책을 읽는 모습을 자주 보다 보면 그 모습이 익숙해지기 마련이다. 보는 것이 익숙해지면 내가 직접 해보는 것이 훨씬 더 수월해진다. 게다가 사람은 한번 친해지고 나면 지속적으로 만나면서 동기 부여를 받을 수 있으므로 목표가 작심삼일로 허무하게 끝날 확률이 줄어들 것이다.

성격, 습관, 표정 등은 평생 동안 그 사람이 살아오면서 주변 환경과 사람들을 보고, 듣고, 느꼈던 것들의 산물이다. 그런 습관들을 일시적인 다짐 한 번으로 바꿀 수 있다면 물론 좋겠지만, 처음 습관이 들었던 것처럼 주변 환경과 사람들을 바꾸는 게 우선시되어야 한다. 그래야 부작용도 없고, 포기할 확률도 확연히 줄어든다.

새해가 될 때마다 사람들은 많은 새해 목표를 세우지만, 한 달이 채 지나가기 전에 그 목표들을 싹 다 잊어버린다. 이제 이 책을 읽은 당신은 새해 목표를 설정할 때 이렇게 쓰길 바란다.

- 책 읽는 모임에 가입하고, 사람들과 친해지기
- 평소 소식하는 친구들과 어울리기

행복하려면
행복한 사람들과 어울려라

'행복해지려면 어떻게 해야 될까?'를 치열하게 고민하기 시작한 때가 아마 2011년쯤이었던 것으로 기억한다. 고등학교를 졸업하고 청주에서 군 생활을 시작한 지 약 일 년 정도 되었을 무렵, 나는 이 직업이 나랑 맞지 않음을 인정할 수밖에 없었다. 그러나 고등학교 3년 내내 국방부에서 학비와 용돈을 지원 받은 나에게는 무려 6년의 의무 복무가 남아 있었기에 "절이 싫으면 중이 떠나야지"라는 말은 통하지 않았다.

영화나 드라마에 나오는 회사원들이 정장 안쪽 주머니에 사표를 항상 넣고 다니는 모습을 보며 얼마나 부러웠는지 모른다. 그렇다고 주민등록증에 빨간 줄을 긋거나 십자인대를 억지로 파열시켜서 제대할 수는 없었다.(물론 고민해본 적은 있다.) 가족들이나 다른 어른들에게 조언을 구해봐도 돌아오는 말은 다 똑같았다. 돌려 말하든 화를 내면서 말하든 결국 이 뜻이었다.

"회사는 더 힘들어. 군대는 아무것도 아니야."

"젊을 때에는 원래 다 힘든 거야. 나이 먹고 보면 그렇게 좋은 직장이 없다."

"예전에는 더 힘들었어. 지금 힘든 건 아무것도 아니다."

"사회가 얼마나 힘든 줄 아니? 다들 공무원 되려고 난리야."

주변 사람들과 계속 부딪히다 보니 내가 정말 사회 부적응자처럼 느껴졌다. 하지만 이상하게도 자신의 말이 인생의 정답인 양 말하는 어른들 중에 정말 행복해 보이는 사람들은 손에 꼽힐 정도였다. 생각해보면 당연한 일이었던 것 같다. 어른들이 안정적인 직장을 추구하는 원인 자체가 본인의 일에 만족하지 못하기 때문이니 말이다. 그렇다면 과연 이런 말을 하는 어른들 주변에는 행복한 사람들이 많을까? 행복한 사람들과 어울리지 않으면서 본인의 삶을 행복하게 만들기는 꽤나 힘든 일일 것이다.

독서라는 것을 처음 접했을 때에는 읽는 장르가 정확히 정해져 있었다, 자기계발서. 책 좀 읽는다 하는 친구들은 자기계발서가 매번 뻔한 이야기만 써놓는다며 꺼려했지만, 나는 그 '뻔한 이야기'들을 읽고 싶어서 책을 읽었다. 지금 생각해보면 책에서라도 내 편을 찾고 싶었는지 모르겠다.

"젊을 때에는 어떤 도전도, 실패도 경험이 되고 자산이 된다."

"20대에는 돈을 모으려 하지 말고 경험과 학습에 사용하라."

"본인이 좋아하는 일을 찾아라. 안정적인 직장에 얽매이지 마라."

"아침에 일찍 일어나고, 책을 많이 읽어라."

한 구절, 한 구절이 얼마나 가슴속 깊이 박혔는지 모른다. 자기계발서를 읽을 때마다 내가 하고 싶은 말들을 대신 적어놓은 듯한 느낌이었다. 모든 주변 사람들이 핀잔을 주고 대화를 하려 하지 않을 때 책의 저자들은 단순히 내 의견에 동의해주는 것을 넘어 응원까지 해주었다.

다른 사람들이 책에서 어떤 지식이나 정보를 얻고자 할 때 나는 평소 내가 생각해왔던 것들에 대한 확신과 공감을 얻기 위해 책을 찾았다. 다시 여태까지의 삶을 되돌아보면 행복했던 순간은 항상 내 목표가 사람들에게 인정받을 때 찾아왔다. 내가 하는 말에 상대방이 진심으로 공감해주고 응원해줄 때 말이다.

어느새 시간이 많이 지나, 더 다양한 분야의 책을 읽고, 여러 가지 강의를 들으러 다니면서 새로운 사람들을 꽤 많이 만나게 되었다. 그리고 그 사람들과 대화를 나누고 친분을 쌓으면서 내 생각은 점점 더 확신으로 굳어졌다.

'내가 사회 부적응자였던 것이 아니라 그냥 나와 다르게 생각하는 사람들 사이에 있었을 뿐이구나.'

2016년을 내 인생 최고의 해로 뽑은 이유는 딱 두 가지로 정리할 수 있다. 하나는 내 생각과 가치관에 확신을 불어넣어준 스승님들 덕분이고, 또 하나는 그 스승님들로 인해 나와 생각이 비슷한 사람들과 친해질 수 있었기 때문이다.

한국영업인협회의 강의를 듣기 위해 주말마다 부산과 서울을 왕복해야 했지만 그 기간 동안 나는 정말 행복했다. 심 회장님은 컨설팅을 해주실 때나 강의를 하실 때나 수강생들에게 성공에 대한 확신을 불어넣어주셨다. 자신의 목표에 대해 확신을 가질 수 있다는 것은 행복에 있어 최상의 조건이다. 같이 강의를 듣는 수강생들은 생애 처음으로 말이 통하는 사람들이었다. 아무래도 동병상련의 아픔을 겪어서 그런 듯했다. 경남지역 스터디 팀장을 맡게 되면서 팀원들을 이끌고 가야 하는 입장이 되었는데, 처음엔 걱정했던 그 일이 가장 행복한 일이 될 줄은 생각도 못했다. 팀원들은 내가 어떤 의견을 내든 항상 고마워하며 칭찬해주었고, 응원하며 자신감을 불어넣어주었다. 이 행복한 스터디는 지금도 2주에 한 번씩 꾸준히 지속되고 있다.

이영석 대표님을 처음 만난 날 해주신 말씀이 있다.

"지금 너는 완벽하게 잘하고 있어. 앞으로도 지금처럼만 하면 돼."

어느 누구도 나에게 이런 말을 해준 적이 없었다. 그리고 어떤 순간도 그때처럼 행복했던 적은 없었다. 이 경험들을 통해 얻은 행복의 교훈은 단순했다.

'인생의 목표가 있을 때 그 목표를 진심으로 응원해주는 사람들을 만날 것.'

만나는 사람을 바꿔야 인생이 바뀐다

성장하려면 성장하는
사람들과 함께하라

성장은 항상 **다른** 사람에 의해 이루어진다. 맨날 놀기만 하던 친구가 열심히 공부하는 모습을 보며 자극을 받기도 하고, 처음 보는 사람과 대화를 하다가 갑자기 내 삶이 초라하게 느껴질 때 뭔가를 다짐하기도 한다. 이렇게 혼자 다짐하고 노력하다가 실패하는 것은 주변에서 흔히 볼 수 있는 풍경이다. 아무리 둘러봐도 자격증 시험이나 고시가 아닌 이상 집에서 혼자 책만 읽다가 삶이 크게 변화한 사람은 좀처럼 찾아보기 힘들다.

심지어 요즘은 자격증 시험이나 고시마저 독학보다는 학원을 다니거나 스터디를 하면서 공부하는 추세다. 그러다 보니 집에서 혼자 공부해서 고시에 붙은 사람들을 보고 우리는 독하다고 말한다. 독서실을 이용하는 것도 같은 맥락이다. 독서실은 공부하고 있는 사람들을 잔뜩 모아놓고 공부가 아닌 다른 것들을 하기 어색한 분위기를 만들어놓은 시스템이다. 공부하기 편한 시설이라기보다는 사람들의 심리를 이용하는 것에 가깝다. 인간은 언제나 다수의 분위기에 휩쓸려 가는 습성이 있기 때문이다. PC방에서 책을 펴고 공부하는 사람을 보면 '또라이'라고 하고, 독서실에서 게임하고 있는 사람을 보면 "저럴 거면 여기에 왜 왔나?"라고 핀잔을 준다. 이처럼 인간은 기본적으로 옆에 있는 사람들을 따라 하려는 습성이 있다. 이 습성은 인간의 기본적인 욕구와 결합될 때 더욱 빠르고 확실하게 영향을 미치는데, 단적인 예로 학교를 들어볼 수 있다.

수업 중인 교실을 들여다보면 한 명도 안 졸고 있는 교실은 있어도 한 명만 졸고 있는 교실은 찾아보기 힘들다. 모두가 수업을 열심히 듣고 있는 분위기에서는 평소 잘 조는 학생도 그 분위기에 따라 수업을 열심히 듣는 것이 가능해지기 때문이다. 학년이 바뀌고 첫 시험 성적이 우수한 반이 통상적으로 학년을 마칠 때까지 성적이 좋은 이유가 여기에 있다. 반대로 교실에 한 명이라도 자는 학생이 생기게 되면 다른 학생들은 '자는 것'에 대해 엄청난 안도감을 느끼게 된다. 그래서 우리는 빠르고 효율적인 성장을 위해 만나는 사람을 바꿔야 할 필요가 있다.

공부를 안 하던 학생이 공부를 하려면 같이 놀던 친구들과는 관계가 멀어질 수밖에 없다. 물론 기존의 친구들과 주변 지인들이 내 목적에 맞는 사람들이라면 최적의 상황이겠지만, 안타깝게도 그런 경우는 거의 없다. 그렇다고 걱정할 것 없다. 정말 좋은 친구라면 친구의 인생을 위해 의견을 존중하고, 같이 성장하려 할 것이다.

당신의 목표를 말하고 충분히 설득했음에도 불구하고 당장의 즐거움만 강요하는 친구라면 과감하게 관계를 끊을 것을 추천한다. 다행히 내 주변에는 좋은 친구들만 있어서 "나보다 공부가 중요하냐?"라고 따지는 친구는 한 명도 없었다.

한국영업인협회의 강의를 들으면서 내가 많이 성장한 이유를 생각해보면, 물론 강의 내용도 좋았지만 수강생들과 많은 시간을 같이 보낸 영향이 컸다. 영업의 '영'자도 모르던 내가 몇 달만에 영업, 마케팅, 사업 프로세스까지 구상할 수 있게 된 것은 현직 영업인, 사업자들과 같이 강의를 듣고 스터디를 하면서 친분을 쌓았기 때문이다. 책으로 배우는 것도 지식이 되지만 현직에 있는 사람들의 살아 있는 이야기들을 듣는 것은 차원이 달랐다. 오죽하면 이 협회의 강의 후 뒤풀이 참석은 선택이 아닌 필수로 하게 되어 있다.

스터디에서는 강의를 듣고 일주일 동안 어떤 것들을 진행했으며, 그 속에서 어떤 문제가 생겼고, 무슨 조언을 받고 싶은지에 대해 토론한다. 이런 분위기 속에서 뭔가를 배우지 않고 멍

하니 있다가 집에 가는 것은 치킨을 앞에 두고 쳐다보기만 하는 것만큼이나 어렵다.

이영석 대표님이 운영하시는 '33세미나', '꼴통쇼'도 마찬가지다. 수많은 강사분들과 이영석 대표님의 강의에서는 물고기를 잡을 수 있는 낚싯대와 사냥할 수 있는 총을 준다. 수강생들은 낚시와 사냥에서 성공한 사례들을 공유하며 더욱더 성장하고, 실패한 사례에 피드백을 하며 위험을 줄여나간다. 누군가와 친해지기 위해서는 서로 공감대가 있어야 하고, 더 가까워지기 위해서는 같은 고민을 하거나 힘든 경험을 공유해야 한다.

33세미나를 듣는 수강생들의 대화 주제는 항상 '성장과 행복'이다. 우리는 최근 읽은 책에 대해 몇 시간씩 토론을 하기도 하고, 강의 내용을 삶에 적용시키면서 생기는 문제들을 같이 고민하기도 한다. 끝내 답을 찾기 힘든 문제들은 다음 강의시간에 질문하고 강사들에게 명쾌한 해답을 듣는다.

이 모임들은 다른 사람들이 볼 때 굉장히 이상해 보일 수도 있다. 그 흔한 토익공부를 하는 사람은 아무도 없고, 취업을 하기 위해 자격증 공부를 하는 사람도 없다. 술자리에서 어떤 회사가 좋은지, 누구 상사가 싫은지 이야기할 시간에 우리는 어떻게 살아야 행복할지, 꿈을 이룰지를 같이 고민한다. 이 무리들에 껴 있을 때만큼은 나 역시 1퍼센트의 외톨이가 아니라 99퍼센트의 무리에 속하게 된다. 이 모임들은 항상 나를 외롭지 않게 성장시켜준다.

　어떤 목표를 위해 뭔가를 배우기로 마음먹었다면 같은 목표
를 가진 사람들이 모여 있는 곳으로 가라. 그리고 그 사람들과
함께 있는 시간을 최대한 많이 늘려야 한다.

세계 최고의
동기 부여 강사라는 꿈

정확히 어느 순간부터였는지는 모르겠지만 대략 중학교 때부터 사람들 앞에 나가서 이야기하기를 좋아했던 것 같다. 그저 앞에 나가거나 손을 들고 발표할 때 선생님과 친구들의 반응이 흥미로웠다. 그러다 보니 중학교 때의 꿈은 수학선생님이 되는 것이었다. 하지만 그때뿐이었다. 공군항공과학고등학교를 진학하면서 자연스럽게 진로가 군인으로 정해졌다. 그저 현실에 충실할 수밖에 없었다. 정말 선생님이 되고 싶은 건지도 몰랐고, 될 수 있을지에 대한 확신도 전혀 없었다.

어느새 선생님이라는 꿈은 고등학교 이후로 머릿속에서 완전히 사라졌고, 그렇게 다른 목표와 꿈들을 좇으며 7년이 흘러갔다. 선생님이 되려면 사범대를 졸업하고 임용고시에 합격해야 하는데 수능을 위해 공부할 열정도, 임용고시에 붙을 자신도 없었다. 나 자신이 그 과정들을 이겨낼 수 없음을 너무나 잘 알았기에 애초에 도전할 생각조차 하지 못했다.

제대하기로 마음먹은 이후 나는 내가 당장 준비하면서 즐길 수 있는 것에 초점을 맞추고 새로운 꿈을 찾기 시작했다. 스노보드, 웨이크보드, 테니스 관련 일이 운동을 좋아하는 내 기준에서는 가장 적합한 꿈이었다. 그러나 장교로 임관하고 나서 주변 환경과 만나는 사람들이 바뀌면서 운동에 대한 열정이 완전히 식어버렸다. 그러던 중 오랜만에 선생님이라는 꿈을 일깨워준 우연한 계기가 있었는데, 바로 부산의 대학생 대상 프레젠테이션 교육이었다.

청주에 5년 동안 있다가 부산에서 일을 하게 됐으니 대도시의 장점을 활용하고 싶었다. 그래서 부산에서 계속 근무하던 세찬이에게 물어보기로 했다.

"부산에 뭐 재밌는 거 없어, 지금 내 상황에 할 만한 거?"

친구는 기다렸다는 듯이 '오작교를 말하다'라는 프레젠테이션 교육을 추천해주었다.

"대학생들을 대상으로 하는 교육인데, 나이대도 다 비슷해서 재밌고 도움도 많이 될 거야."

고민할 이유가 없었다. 금액은 대학생들을 상대로 하는 교육이다 보니 꽤 저렴한 편이었고, 커리큘럼도 체계적이었다. 무엇보다 매일 칙칙한 군인들이랑 일하다가 또래 친구들과 같이 뭔가를 배운다는 사실에 굉장히 기분이 들떴다.

교육은 생각보다 훨씬 더 재밌었다. 1주차 특강은 물론이고, 2주차부터 거의 매주 있는 발표시간은 나를 더 열정적으로 살게 만들었다. 정말 잘하고 싶었고, 배울 때 제대로 배우고 싶었다. 수업에서 들은 내용은 최대한 많이 써먹으려고 노력했다. 그러다 보니 준비를 철저히 하게 됐고, 발표는 매번 성공적이었다. 같이 교육을 듣는 친구들에게서 이런 말도 듣곤 했다.

"오빠는 진짜 대단한 거 같아요. 군인이 어떻게 그러지?"

"현우야, 진짜 멋있다. 감명 깊었어."

이때부터였다, '전문 강사가 되면 정말 행복하게 일할 수 있겠다'라는 생각이 들기 시작한 게. 사람들에게 인정받고 누군가에게 감동을 줄 수 있는 직업이라는 게 너무나 매력적이었다. 물론 짧은 프레젠테이션조차 완벽하게 준비하는 데에는 꽤 많은 시간이 걸렸다. 말할 주제를 정하고, 어떻게 표현할 것인지 구상하며 암기하고 연습하는 과정이 썩 즐겁지만은 않았다. 그래도 그 모든 것을 상쇄시킬 만큼 사람들 앞에 나가 이야기할 때에는 너무나 설레고 행복했다. 나에 대한 또 다른 발견이었다.

모든 과정이 끝날 때쯤에는 같이 교육을 들었던 친구들과 많이 친해져 있었다. 우연으로 만났지만 좋은 인연이 되었고, 이

대로 안 보고 살기에는 너무나 아쉬운 친구들이었다. 마지막 강의 뒤풀이 때 누군가 슬쩍 이야기를 꺼냈다.

"우리끼리 계속 스터디 하는 건 어때?"

다들 똑같은 생각을 가지고 있었는지 나를 비롯한 모두가 열렬히 환호했다. 그리고 모두의 의견에 따라 팀장은 내가 맡기로 했다. 교육기간 동안 조금 더 열정적으로 임했던 모습이 팀원들 눈에도 보였던 모양이다.

발표하는 것에 자신이 붙은 이후로는 어떤 강의를 들을 때나 앞에 나가서 발표할 일이 생기면 제일 먼저 나서곤 했다. 어떤 날은 연습을 전혀 못하고 나갈 때도 있었지만, 생각보다 말이 잘 나와서 스스로도 놀랄 때가 많았다. 이처럼 원래부터도 강단에 서서 교육을 하는 내 모습을 꿈꾸곤 했는데, 강사가 되어야 겠다고 본격적으로 결심하게 된 것은 결국 여러 경험에 의한 복합적인 결과였다. 그중에서도 가장 결정적인 계기는 군대에서의 교육 때문이었다.

군대에서는 주기적으로 성 인지력, 성범죄 예방, 자살 예방, 청렴 교육 등등의 교육을 실시한다. 이 중에는 반드시 들어야 하는 필수 교육들이 대부분이고, 듣고 싶은 사람만 신청하는 교육도 있다. 현역 군인으로서 말하기 조심스러운 부분이긴 하지만, 군대가 딱 한 가지만 바뀌었으면 좋겠다. 나는 우리나라 군인들이 최고의 교육을 들어야 한다고 생각한다.

병사들은 본인의 의지와 상관없이 대한민국에 태어났다는 이유로 2년 동안의 의무 복무를 수행해야 한다. 휴가 때 쓸 용돈 수준의 급여만 받아가면서 말이다. 그래서 대부분의 병사들은 자신의 젊음을 버린다고 생각한다. "군 생활 열심히 하는 애들이 제대하고 나서도 잘 살더라"는 선임들의 말은 너무 무책임하고 성의 없는 동기 부여다.

병사들이 군 생활 2년을 버린다고 생각하는 이유는, 군 생활이 '왜' 제대 이후의 인생에 도움이 되는지 구체적으로 인지하지 못하기 때문이다. 이 실마리를 풀어줄 생각은 그 누구도 하지 않는 듯하다. 그저 병사들에게 하는 말과 잔소리는 "네가 밖에서 뭘 하다 왔든 간에 여기서는 너에게 정해진 업무가 있으니 책임감을 가지고 열심히 해. 먹고살게는 해줄게"라는 식이다. 소위 말하는 열정페이는 이것에 비하면 아무것도 아니다. 20대 젊은 남자들을 다 묶어놓고 자유를 봉쇄하면서 정작 필요한 교육은 아무것도 안 하고 죄다 하지 말라고 하는 강의뿐이니 말이다. 이것은 너무나 불합리하다.

심지어 외래강사로 초빙된 사람들이 대본 읽듯이 강의를 하는 경우도 있었다. 바쁜 군 장병들을 모아놓고 이게 뭐하는 짓인가 싶었다. 이래서는 안 된다. 적어도 병사들이 신뢰할 만한, 우리나라의 내로라하는 동기 부여 강사들이 와서 주기적으로 강연을 해주어야 한다. '자기결정권이 없는 상황에도 주어진 업무에 최선을 다해야 한다는 것'을 논리적이고 현실적으로 풀어 주어야 한다. 단순히 국가를 위한다는 명목 하에 강제적인 '집 단의 목표'를 강요하는 것이 아닌 '자기 자신의 삶'을 위해 군 생활을 의미 있게 보내야 한다는 것을 명확하게 인지시켜줘야 한다고 생각한다. 그런데 지금은 정확히 모든 게 반대로 돌아가 고 있다.

더욱 안타까운 것은 이런 문제가 군인들에게만 해당되지는 않는다는 것이다. 대부분의 사람들이 징병제로 끌려와서 일하 는 군인들과 크게 다르지 않은 삶을 산다. 당장 돈을 벌지 않으 면 삶이 유지가 안 되니 꿈은 내팽개치고 평생 돈을 위한 일만 하며 살아간다. 나는 절대 그렇게 살고 싶지 않다. 그리고 나뿐 만 아니라 세상 모든 사람들이 의미 있고 열정 가득한, 주체적 인 삶을 살아갔으면 하는 꿈이 있다.

만약 주변 사람들이 나를 만류하거나 부정적인 시각으로만 바라본다면 이 꿈 또한 어느새 식어버릴지도 모른다. 다행히도 지금은 모두가 내 꿈을 존중하고 지지해주고 있지만 부모님도, 멘토들도, 친구들도, 주변 지인들도 모두가 나를 응원하고 있다.

"엄마, 아빠는 항상 아들의 꿈을 응원한다. 파이팅!"

"내가 볼 때 너는 진짜 무조건 잘될 거야. 너무 멋지게 사는 것 같아 부럽다."

"현우야, 넌 눈빛이 달라. 성공하게 돼 있어."

이런 말들은 꿈을 포기하지 않는 이유인 동시에 절대 포기할 수 없는 이유가 되기도 한다.

한 사람이 다수의 생각을 바꾸기 위해서는 한 가지 조건이 필요하다. '다수가 존경하거나 본받고 싶은 사람'이어야 한다. 기본적으로 사람들은 항상 옆에 있는 익숙한 사람보다 유명하고, 공신력 있는 사람의 말을 더 신뢰하고 따르기 마련이다. 그리고 나는 최대한 많은 사람들의 삶을 의미 있게 바꿔주고 싶다. 그렇기 때문에 나는 많은 사람들이 '만나고 싶어 하는 사람'이 되어야 한다. 내가 누군가를 그토록 만나고 싶어 하다가 실제로 만났을 때 삶이 많이 바뀌었던 것처럼 말이다.

훌륭한 강사의 기준은 무엇일까? 성악가처럼 발성을 잘하고, 아나운서처럼 발음이 좋으며, 연극배우처럼 표정과 몸짓이 자유로운 사람일까? 외웠던 대본을 까먹지 않고 외우는 것일까? 물론 이것들도 부수적으로 중요하긴 하다. 하지만 내가 생각하는 훌륭한 강사란, '그들의 문제를 해결해주는 사람'이다. 최고의 강연자는 최대한 많은 사람들의 문제를 해결해주어야 한다. 그리고 이왕이면 나는 세계에서 가장 많은 사람들의 꿈을 찾아주는 사람이 되고 싶다. 그래서 지금의 내 꿈은 거창하고 식상할 수 있지만, '세계 최고의 동기 부여 강사'다.

사람과의 관계에서
기본을 배우다

비싼 강의를 들으러 다니고, 여러 회사의 대표들을 만나고, 여기저기 컨설팅을 받으러 다니면서 나는 어느새 자신감을 넘어 자만을 하고 있었다. 그리고 제대로 된 조언을 듣기 전까지 그 사실을 전혀 알아채지 못했다.

이영석 대표님과 오종철 소통테이너가 유튜브 방송에서 꼴통쇼를 진행하는데, 거기서 '꼴찌들의 통쾌한 반란'이라는 콘셉트로 2주에 한 번씩 멘토들을 초청해 강의와 토크쇼를 한다. 처음으로 꼴통쇼를 방청하러 갔던 날, 3P자기경영연구소의 강규형 대표님이 멘토로 나왔다. 시간 관리와 자기 경영, 독서가 강의의 핵심이었는데 방송이 끝나고 나서도 꼭 이분을 개인적으로 만나 이야기를 나눠보고 싶었다. 그러던 중 토크쇼의 마지막에 기회가 왔다.

꼴통쇼에서는 각 멘토들의 토크쇼가 끝날 때마다 두세 명의 드림챌린저에게 질문을 받는다. 가위바위보로 선발된 드림챌린저들은 무대로 나와 자신의 꿈을 말하고, 멘토에게 궁금한 것을 질문하고 선물을 받기도 한다. 너무나 운이 좋게도 나는 수많은 경쟁률을 뚫고 가위바위보 최종 멤버 세 명 안에 들어가게 되었다. 그리고 무대 위로 올라가 자신 있게 자기소개를 했다. 강규형 대표님의 눈에 들고 싶어 평소보다 더 당당하게 말했다.

"안녕하세요, 세계 최고의 강연자가 될 조현우입니다. 현역 공군 장교로 근무 중입니다."

대부분의 사람들은 내가 이렇게 이야기하면 다들 멋있다며 응원을 해주었다. 하지만 그날은 달랐다.

"지금 장콘데 강연자가 되고 싶다고요? 장교면 부대에 있는 병사들부터 삶을 잘 가꿔갈 수 있게 도와줄 생각을 해야지, 그러면서 지금 무슨 세계 최고의 강연자가 되겠다는 거예요?"

너무 당황해서 아무 말도 하지 못한 채 그저 웃고 있었다. 그러자 대표님은 말을 더 이어갔다.

"나랑 컨설팅 하는 데 한 시간에 100만 원인데, 당신은 나랑 1 대 1로 컨설팅 할 기회를 줄게요. 지금 강사가 중요한 게 아니에요."

"오, 감사합니다."

혼난 기억은 어느새 사라지고 1 대 1 컨설팅을 받을 수 있다는 사실에 너무나 기뻤다. 100만 원 이상의 가치를 얻은 기분이 들며 마냥 좋았다.

이후 직원과 스케줄을 잡아서 그다음 주말에 대표님을 만나기로 했다. 일요일마다 교회를 가시는데, 같이 갈 생각이 있다면 일요일에 조금 일찍 만나서 예배를 보고 점심도 같이 하자고 하셨다. 당연히 거절할 이유가 없었다. 한 시간 동안 사무실에 앉아서 딱딱하게 이야기하는 것보다는 교회에도 가고 점심도 먹으며 이야기하는 것이 더 편할 것 같았다.

문제는 컨설팅 전날의 스케줄이었다. 강의가 끝나고 뒷풀이 모임이 있었다. '금방 끝나겠지, 끝나겠지' 하던 뒷풀이는 어느새 새벽 5시까지 이어졌다. 중간에 충분히 빠질 수 있었음에도 '설마 아침에 못 일어나겠어?'라는 생각으로 밤을 샜다. 그리고 역시나 늦잠을 잤다.

컨설팅 당일, 택시를 타고서 전화를 걸었다.

"대표님, 차가 막혀서 늦을 것 같습니다. 죄송합니다."

도착 후 지각에 대한 어떤 말도 안 꺼낸 채 우리는 서로의 안부를 물으며 예배장으로 들어갔다. 나는 속으로 다행이라고 생각했다. 그리고 잠시 후 다행이라고 생각했던 나 자신이 너무나 부끄러워졌다.

예배가 끝나고 대표님의 가족들과 같이 점심을 먹은 뒤 우리는 사무실로 가서 예정대로 컨설팅을 진행했다. 그때까지만 해도 앞으로 어떤 일이 일어날지 전혀 예상하지 못했다. 이 컨설팅 내용을 처음부터 끝까지 녹음했는데, 나는 정신이 해이해질 때마다 녹음 원본을 돌려보곤 한다. 한 시간 중 약 50분은 정말 발전적인 조언을 들었고, 10분은 뼈아픈 충고를 들었다. 뼈에 구멍이 뚫리면 바람만 불어도 엄청난 고통을 느끼듯이 그때의 내 상태가 그랬다. 겉으로는 항상 예의바른 척하려 애썼으나 속으로는 교만했다. 그래서 그 충고들이 더 깊숙이 박혔던 것 같다.

다음은 그 녹음본 중 10분의 내용을 정리한 것이다.

"혹시 이 책 봤어요? 김승호 회장이 쓴 《생각의 비밀》인데, 이 내용을 여러 번 보세요. 이번에도 강의시간에 이 내용을 이야기했더라고. 내가 읽어줄 테니까 들어봐요."

조카딸에게 애인이 생겼다. 그래서 어떤 남자인지 궁금해서 물었다. "책은 좀 보는 것 같니?" "아닌 것 같아, 이모부." "약속시간은 잘 지켜 나오니?" "응, 처음엔 그러더니 요즘엔……." 말끝을 흐린다. 마지막으로 하나 더 물었다. "아침에는 일찍 일어나는 애냐?" "아닐걸." 내겐 딸 같은 조카아이라 단박에 아버지 투로 말했다. "갖다 버려." 딸들은 남자를 구할 때 앞서 말한 세 가지를 명심해야 하고, 아들 가진 부모들은 이 세 가지를 가르친다면 할 일을 다 한 거다.(《생각의 비밀》중 발췌)

"오늘 자네가 21분을 늦게 나왔는데 내가 다른 경우였으면 안 만나거든, 사실은. 안 만나고 다시는 안 봐. (중략) 성공한 사람들은 다 시간에 예민한 사람들이야. 예외가 없어. 당연히 나도 마찬가지야. 그래서 나는 사람들을 만날 때 늦어도 약속시간 30분 전에는 가요. 강의가 있을 때에는 두 시간 전에 가고. 아무리 그런다고 사람이 어떻게 실수가 없겠어? 이번을 평생의 기회로 삼아서 앞으로는 약속시간 잘 지키길 바라요."

처음에는 이렇게 끝나는 줄 알았다.

"지난번에 충남대에서 여섯 시간 동안 강의를 했는데 한 친구가 막 들이대면서 나중에 오겠다고 하는 거야. 마음에 들어서 시간을 잡아주고 오라고 했지. 근데 약속시간이 돼도 안 오더라고. 20분쯤 지나니까 문자가 왔어. 차가 좀 막혀서 늦을 것 같다고. 그래서 정중하게 답장을 보냈지. 돌아가라고. 그랬더니 다음날 전화가 왔어. 그럼 언제 만나냐고. 그러니까 이 친구는 대학생이 되도록 사과하는 법을 배우지 못한 거야. 자신이 뭘 잘못했는지 전혀 모르는 거야.

사과에는 세 가지 요소가 있어. 첫 번째는 I am sorry, 잘못했다고 하는 거고, 두 번째도 '제가 잘못했어요'라고 해야 되는데 다들 뭐라고 하는지 알아? 차가 막혔다고 얘기해. 차 탓을 하거든. 차 탓이 아니라 '제가 잘못했습니다'라고 해야지. 세 번째는 '그럼 제가 어떻게 할까요?' 하고 물어보는 거야. 그리고 다음에 만약 자네가 누구를 만나러 갈 거면 노트를 가져가. 노트를 가져가서 다 받아 적어야지. 난 자네를 만나면서 메모를 하는데 왜 자네는 메모를 안 하나? 이상하지 않아? 윗사람이 해야 되나, 아랫사람이 해야 되나? 그건 상식인 거야, 상식. 지금 기본적인 걸 다 놓치고서 강사가 되겠다고 그러는데 그렇게 강사가 돼서 뭘 할 거야, 기본도 안됐는데. 무슨 말인지 알겠어? 그리고 어떤 사람들은 나를 만나러 올 때 질문을 20개, 30개씩 준비해서 와. 그러니까 자네는 보면 배우겠다는 자세가 하나도 안 보여……"

이후의 내용은 생략하겠다. 그러니까 나는, 그토록 원하던 컨설팅을 받게 됐으면서 전날 밤새 놀다가 약속시간에 늦고, 차가 막힌다는 핑계를 대고, 메모장도 안 가져가고, 질문 하나도 준비해가지 않았던 것이다. 쌍욕을 들어도 할 말이 없었다. 컨설팅을 끝내고 나오면서 마지막으로 말씀드렸다.

"오늘 정말 부끄러운 하루였습니다. 다음에 뵐 때에는 가르쳐주신 것들이 절대 헛되지 않도록 바뀌어서 오겠습니다. 감사합니다."

물론 나는 대표님을 만나기 전부터 사람들을 만날 때마다 약속시간을 잘 어기지 않는 편이었고, 항상 메모하고, 질문을 준비해 갔었다. 근데 그날은 왜 그랬는지 모르겠다. 그만큼 자만했고, 정신이 해이해져 있었던 것 같다.

이 컨설팅 내용은 평생 두고두고 되새겨야 할 내 귀중한 재산이다. 기본과 예의에 대해 깊게 생각하는 계기가 되었으며, 그 후로는 시간 관리에 특히 신경을 쓰게 되었다. 이 책을 빌려 강규형 대표님께 진심으로 감사드리고 싶다.

좋은 조언이란
무엇인가?

민병철 형님을 처음 만난 것은 스승님을 만나고 약 2개월
가량 지났을 즈음이었다. 야구용품 사업을 하고, 이제는 꽤 성
공해서 벤츠 S클래스를 타고 항상 멋지게 차려입고 다니시는
분이다. 최근 책을 쓰고 있다는 말씀을 들었는데, 내가 덜컥 먼
저 계약을 해버렸다고 하니 궁금했는지 전화가 걸려왔다.

"아니, 현우 씨! 무슨 책을 그렇게 뚝딱뚝딱 썼어요? 주말에
서울 오죠? 한번 만나요."

"그냥 죽어라 썼죠, 뭐. 책 쓰는 게 별거 있나요. 컴퓨터 앞에
앉기만 하면 돼요. 주말에 만나면 자세히 말씀드릴게요."

토요일 일정이 끝나고 그날 밤 민병철 형님을 만났다.

"와, 일단 너무 축하해요. 역시 현우 씨는 내가 뭔가 하나 해낼 줄 알았어. 눈빛이 다르다니까! 근처에 맛있는 음식점 알아요? 내가 살 테니까 갑시다."

우리는 강남의 수많은 고깃집 중에서 사람이 가장 많고, 꽤 비싸 보이는 곳으로 들어갔다. 그리고 본격적으로 대화를 시작했다.

"형님, 잘 지내셨어요? 요즘 한 달 동안 책 집필에만 몰두하느라 연락을 못 드렸어요, 죄송해요."

"아니에요, 무슨 주제예요?"

"'지금 만나는 사람이 당신의 인생을 바꾼다'라는 주제예요. 제 인생의 가치관이거든요."

"오, 저도 완전 공감하는 부분이네요. 저도 제 인생을 바꿔준 인생의 스승들이 있거든요."

술 한잔 하지 않고서도 남자 둘의 대화는 시간 가는 줄 모르고 계속 이어졌다. 사업 이야기, 책 이야기, 앞으로의 미래, 꿈, 심지어 연애 이야기까지. 약 다섯 시간 동안을 쉴 새 없이 떠들었던 기억이 난다. 대화 중 특히 기억에 남는 구절이 있다. 사실 돈에 대한 걱정은 어느 정도 초월했다고 생각했었는데, 최근 좀 두려운 게 있었다면 특별히 사치부리는 것 없이 빚이 계속 늘어난다는 점이었다.

"형님, 제가 얼마 안 되는 월급에 비싼 강의들을 하도 찾아다니고, 사람들에게 감사해서 밥을 사주고 다녔더니 어느새 마이너스 통장에 빚이 천만 원이 넘게 생겼는데 괜찮겠죠?"

물론 괜찮다는 것을 알고 있었다. 하지만 좀 더 편해지고 싶은 마음에 했던 질문이었다. 형님은 내 마음을 너무나 잘 안다는 듯이 호쾌하게 웃으면서 한번에 이 문제를 해결해주셨다.

"결론적으로 말하면 완벽하게 괜찮은 상태예요. 일단 천만 원은 빚이라고 말할 수도 없고요. 내 얘기를 좀 해줄게요. 내가 현우 씨 나이쯤에 사업을 하다가 빚이 3억도 넘게 생긴 적이 있었어요. 주변 사람들은 너무 걱정하는데, 이상하게도 나는 오히려 걱정이 너무 안 되더라고요. 그때 힐링이나 좀 할까 해서 중국의 스위트룸 호텔을 일주일 동안 예약했어요. 3억이나 3억 천만 원이나 별로 다를 것 없잖아요. 호기를 좀 더 부린 거죠. 그리고 책 한 권을 사서 일주일 동안 중국의 호텔에서 놀고 먹고 자고를 반복했어요. 빚이 3억인데. 아마 다른 사람들이 이 얘기를 들으면 미친놈이라고 할 거예요. 그런데 나도 완전히 돈에 대한 틀이 깨진 계기가 있었어요. 아까 말했다시피 나에게도 스승님이 계신데, 한국에 와서 그분을 찾아갔거든요. 그리고 상황을 말씀드렸어요. 그분은 이야기를 다 듣고는 엄청 웃으시더니 이런 말씀을 하시더라고요."

"병철아, 넌 무조건 성공할 거야. 걱정하지 마라. 3억은 빚도 아니다. 살다 보면 하루에 3억 넘게 빚을 질 수도 있고, 하루에

3억을 벌 수도 있는 거야. 사채업자가 쫓아와서 목숨이 위태로운 상황이 아니면 굳이 걱정할 거 없다."

"이 이야기를 듣고 나니까 마음이 너무 가벼워졌어요. 그래서 이번에는 일본으로 놀러갔어요."

"하하하, 또 놀러가셨다고요? 빚이 3억인데?"

"놀러갔죠. 명목은 일본의 매장들을 분석하려고 간 거였지만, 사실 놀러갔어요. 그렇게 또 놀고 먹고 즐기면서 매장들을 둘러보러 다녔어요. 근데 그 수많은 매장 중에 내 눈에 딱 꽂히는 상품이 하나 있더라고요. 일반 야구 글러브보다 훨씬 비싼 프리미엄 상품이었는데 미친 듯이 사고 싶은 거예요. 그래서 내 것을 사는 김에 한국에서도 팔아봐야겠다는 생각으로 마지막 남은 300만 원을 털어 몇 개를 더 샀어요. 대박이었어요. 프리미엄 상품을 진열해놨더니 여태껏 안 팔리던 악성재고들까지 같이 팔리기 시작했어요. 그 후는 말 안 해도 알겠죠? 팔린 돈으로 일본에서 또 사오고, 또 사오고, 몇 달 만에 빚을 다 청산했어요. 그리고 지금처럼 조금은 여유 있어진 거죠."

"와, 진짜 대박이네요."

"물론 내가 운이 좋은 케이스였을 수도 있어요. 근데 내가 말하고 싶은 건 이거예요. 천만 원은, 정말 인생을 살면서 아무것도 아니에요. 특히 현우 씨 같은 사람들한테는."

이런 이야기를 듣고 나니 정말 하나도 걱정이 되지 않았다.

아마 다른 사람들에게 이런 말을 했다면 대부분 어떤 대답을 들었을까? "그 사람은 이미 잘된 사람이라 그렇게 얘기하는 거지!"라고 대화가 시작되었을 것이다. 하지만 이후 내 지인들에게 이 이야기를 해주었을 때 정말 공감한다는 분이 많았다.

"사치를 부리는 게 아니라 자신의 능력에 투자하는 거라면 빚을 내고서라도 지속해야 돼요. 지금 당장 몇 푼 때문에 성장을 포기하면 그 빚은 더 갚기 어려워질 거예요."

힘이 났다. 물론 '빚을 더 만들어야겠다!'는 위험한 생각은 하지 않으므로 걱정하지 않아도 된다. 그리고 내가 여기서 말하고자 하는 것이 '빚을 져서라도 배움에 투자해야 한다!'고 강조하는 것도 절대 아님을 확실히 해두고자 한다. 다만 나는 '좋은 조언이란 무엇인가?'에 대한 이야기와, '만나는 사람을 왜 바꿔야 하는가?'에 대한 이야기를 다시 한 번 확실히 해두고 싶다.

일단 결정적으로 조언과 잔소리의 차이는, 내가 듣고 싶은 말과 듣기 싫은 말의 차이다. 하지만 단순히 듣기 좋은 말만 취한다면 간신배의 말에만 귀를 기울이는 폭군이 될 수밖에 없다. 조언이 되려면 듣기 좋으면서도 자신에게 진심으로 도움이 되는 말이어야 한다. 내가 현재 겪고 있는 시련을 이미 겪었지만, 그 시련을 이겨내고 잘된 사람에게 조언을 청해야 한다. 현재 잘된 사람들은 대체로 긍정적인 말을 해줄 것이며, 만약 그런 사람들이 정말 걱정할 만한 일이라면 적극적으로 해결방법을 구해야 한다.

　많은 사람들이 자신이 지금 겪는 시련에 대해 정확히 알지도 못하는 사람에게 조언을 구하고, 듣기 싫은 말만 잔뜩 듣는다. 그리고 풀이 꺾여 아무것도 하지 못한다. 이런 대화는 100퍼센트 잔소리이며, 인생에 전혀 도움이 되지 않는다. 아무에게나 가서 "나라는 인간이 이딴 걸 자꾸 해보고 싶어 하는데, 절대 시작하지 못하도록 잔소리 좀 해줘!"라고 하는 것과 같은 원리다. 이 사실을 반드시 명심하기 바란다.

사람들이 하지 말라는 짓을 꾸준히 한다 | 항상 감사하고, 항상 칭찬한다 | '나'라는 가치주에 투자
한다 | 먼저 행동하고, 나중에 생각한다 | 적은 돈은 아끼고, 큰돈은 제대로 쓴다 | 모든 것에 끊임없
이 질문한다 | 인생을 소풍처럼 산다

3

만나는 사람을
바꾼 뒤 나는
이렇게 산다

사람들이 하지 말라는 짓을 꾸준히 한다

나는 당신이 '다른 사람들과 똑같이 평범한 삶을 살고 싶다'는 마음으로 이 책을 읽고 있을 거라고는 생각지 않는다. 좀 더 행복하게 살고 싶다거나, 삶을 획기적으로 바꾸고 싶다거나, 성공하고 싶고 부자가 되고 싶은 사람들이 이 책을 읽을 거라고 생각한다. 내 책에 다른 사람의 말을 인용하고 싶지는 않지만 하고 싶은 말을 너무나 잘 대변해주는 명언이 있어서 딱 한 번만 사용하겠다.

"똑같은 방법을 반복하면서 다른 결과가 나오기를 기대하는 사람은 정신병 초기 증세다." - 아인슈타인

아인슈타인의 말에 의하면 대부분의 사람들은 정신병자나 다름없다. 세상 모든 사람들은 지금보다 더 나은 미래를 기대하고 행복해지기를 염원한다. 그러나 삶의 변화를 맞이하는 사람들은 극소수다. 하루 종일 일했으니 퇴근하면 쉬어야 하고, 평일 내내 일했으니 주말에는 놀아야 한다. 그러면서도 "매일같이 열심히 일하는데 삶이 전혀 나아질 기미가 안 보여. 역시 우리나라에서는 희망이 없나봐"라고 투덜댄다.

뭐만 하면 정부 탓, 부모 탓, 친구 탓, 회사 탓, 누구 탓을 한다. 세상의 유일한 진리를 하나 꼽자면 그것은 인과관계다. 현재의 삶은 여태까지 살아온 과거의 결과물이다. 만약 당신의 삶이 전혀 나아질 기미가 안 보인다면 당신이 현재를 변화시키지 않기 때문이지 누가 방해를 하고 있어서가 아니다. 이런 불평을 하는 사람들과 대화를 하다 보면 공통적인 3단계 콤보가 있다.

"그럼 내가 뭘 해야 하는데?"

"퇴근하면 피곤한데 책을 어떻게 읽어. 강의? 얼만데? 너무 비싸. 그리고 주말엔 바빠."

"난 그렇게까지 힘들게 살고 싶진 않아. 지금의 행복을 포기하긴 싫어."

이런 사람들은 100퍼센트 현재도 불행하고 미래도 불안하다. 그리고 끊임없이 퇴보한다. 생각 없이 사는 것 같아도 머릿속으로는 끊임없이 불평과 걱정을 한다. 우리는 필히 의식적으로 이런 사람들을 멀리해야 한다. 부정적인 생각은 너무나 쉽게 전이 되기 때문이다. 저런 말을 하는 사람들과는 말도 섞지 말고 가까이하지도 마라.

만약 본인의 머릿속에서 자꾸 저런 생각들이 튀어나오려 한다면 최대한 빨리 긍정적인 사람들을 만나라. 부정적인 생각을 마비시켜줄 것이다. 우리가 지금보다 더 나은 삶을 살아가기 위해서는 현재의 변화가 절실하다. 그리고 변화하기 위해서는 부정적인 생각들을 무조건 멀리해야 한다.

정확한 통계는 아니지만, 우리는 통상적으로 성공한 사람들을 1퍼센트의 사람들이라고 말하곤 한다. 100명 중 한 명, 1,000명 중 열 명이 소위 '성공'이라는 위치에 오르게 된다는 것이다. 그리고 9퍼센트의 사람들은 1퍼센트로 나아가기 위해 삶을 변화시키며 성장하고 있는 사람들이다. 나머지 90퍼센트의 사람들이 어떻게 살아가고 있는지는 굳이 설명하지 않아도 다들 잘 알고 있으리라 생각한다. 지금 이 책을 읽고 있는 당신이 벗어나고 싶어 하는 상태가 90퍼센트의 삶일 테니까.

그렇다면 우리가 적어도 9퍼센트 안에라도 들어가기 위해서는 90퍼센트와 다른 생각을 가지고, 다른 행동을 해야 한다. 이 과정은 숫자로 표현하면 간단하지만 사실상 절대 쉬운 과정은 아니다.

가족들의 치열한 반대에 부딪힐 수도 있고, 가장 친했던 친구와 멀어질 수도 있다. 주변 사람들에게 "대체 뭐해 먹고 살래?"라는 말을 자주 듣게 될 수도 있다. 그런데 이미 성공한 1퍼센트는 사람들이 동경하는 대상이기 때문에 법을 위반하거나 도덕적으로만 문제가 생기지 않으면 오히려 인정을 받는다. 일반적이지 않은 행동이나 말을 하면 "역시 성공한 사람은 뭐가 달라도 달라"라고 하며 대단하게 생각한다. 하지만 9퍼센트는 어떤가? 1퍼센트가 하는 행동을 똑같이 따라 했다가는 이상해졌다고, 미쳤다고, 더 심하게는 욕을 퍼붓기도 한다. 많은 사람들이 여기에서 자신의 꿈을 포기한다.

나는 이 현실을 또 다른 시각에서 바라보기로 했다. 대부분의 사람들이 나를 다르게 바라보지 않는다면 여전히 나는 90퍼센트에 머무르고 있는 상태인 것이다. 이는 오히려 경계해야 할 상황이다. 즉, 그들과 크게 다를 것이 없고, 앞으로도 그렇게 살게 될 것이다.

대부분의 사람들이 생각하는 대로 살고, 행동하는 대로 행동하면서 특별한 삶을 기대할 수는 없다. 그래서 나는 더 의도적으로 주변 사람들과 다르게 살기 위해 노력했다. 사무실 사람들이 모두 술을 마시러 갈 때 어떻게든 빠져나와 테니스를 치러 갔고, 많은 사람들이 자고 있을 새벽에는 책을 읽었다. 주말에 친구들이 여행을 가거나 데이트를 할 때 강의를 찾아다니고 새로운 사람들을 만나러 다녔다.

꼭 나처럼 살아야 한다는 것도 아니고, 이렇게 해야 꿈을 이룰 수 있다고 강요하는 것은 더더욱 아니다. 책을 읽지 않아도, 강의를 들으러 다니지 않아도 다른 방법으로 성공하는 사람들은 무수히 많다. 다만 사람들이 의아해할 만한 행동을 하나 이상은 해야 한다는 것이다.

자, 이제 남들이 하지 말라고 하는 것, 평범하지 않은 행동과 생각을 시작했다면 한 가지가 더 곁들어져야 한다. 바로 지속력이다.

"남들이 하지 말라고 하는 것을 꾸준히 하라."

이 말은 자기계발서와 동기 부여 강사들이 끊임없이 강조하는 말이기도 하다. 그만큼 중요하고 확실하다. 성공학, 자기계발서, 위인전들을 분석해보면 항상 비슷한 패턴이 있다. 나는 이것을 '꿈을 이루는 사람들의 인간관계 5단계'라고 부른다.

1단계. 나와 가장 가까운 사람들이 내 꿈에 대해 비난한다.

2단계. "쟤는 원래 저래" 하면서 방치한다.

3단계. 내 가치관과 신념을 따르는 추종자들이 생긴다.

4단계. 나를 비난하고 반대하던 사람들이 조금씩 내 꿈을 응원하기 시작한다.

5단계. 점점 많은 사람들에게 선한 영향력을 끼친다.

나는 내가 지금 4단계에 있다는 것을 잘 안다. 목이 터지도록 내 꿈을 반대하고 걱정하시던 부모님과 나를 이상하게 생각하던 친구들은 이제 누구보다 나를 응원해준다. 사실 사람 때문에 힘든 과정은 2단계에서 대부분 끝난다. 3단계, 추종자들이 생긴 이후부터는 자존감이 높아져서 뭐든지 할 수 있다는 자신감이 생긴다.

내가 4단계에 있다는 것을 안 이상 5단계로 올라가기 위해 지속적으로 성장해나가면 된다. 지금 책을 쓰고 있는 이유도 사람들에게 선한 영향력을 끼치기 위해서이고, 여태까지의 경험으로 인해 꾸준히 노력하면 반드시 5단계로 올라갈 것을 알고 있다. 그리고 언젠가는 반드시 꿈을 이루게 될 것이다.

누군가 만약 여러분의 꿈을 반대하고, 비난한다면 지금 1단계에 있는 것이다. 꿈을 이루는 순간 적은 동지가 될 것이다. 꿈의 길에 올라섰으니 걱정 말고 지속하길 진심으로 바란다.

항상 감사하고,
항상 칭찬한다

웃음과 감사와 칭찬은 나를 긍정적으로 만들고, 주변 사람들을 뿌듯하게 한다. 그로 인해 모두가 행복해진다. 그러므로 안 할 이유가 없다. 그럼에도 불구하고 우리는 그런 것들에 너무도 인색하다. 감사할 일이 없어도 억지로 만들어내야 할 판에 감사할 일이 생겨도 오히려 당연한 듯이 생각한다. 이는 자신의 행복을 깎아먹는 행위다.

한국영업인협회에서 첫 강의 때 배운 것은 바로 '제대로 칭찬하는 법'과 '항상 웃는 것'이었다. 이영석 대표님에게 가장 먼저 받은 과제는 하루에 세 개씩 '감사일지'를 적고 영상으로 촬영하는 것이었다.(유튜브에 '조현우의 감사일지'라고 치면 나온다.) 아마 지금 여러분의 생각과 내가 숙제를 하기 전에 했던 생각이 비슷할 것 같다.

'이걸 왜 하는 거지? 이거 할 시간에 차라리 책을 한 글자라도 더 보는 게 낫지 않나?'

나는 이미 경험해본 입장에서 확답을 줄 수 있다. 책 100권을 읽어서 얻는 지식보다 감사하고 칭찬하는 습관으로 얻는 것들이 100배는 더 많다. 칭찬과 감사의 공통점은 나뿐만이 아니라 주변 사람들을 같이 행복하게 만들어준다는 것이다. 나를 행복하게 만들어주는 사람을 싫어하는 사람은 아무도 없다. 사람들을 끄는 매력은 행복의 기준이며, 영업의 핵심이기도 하다.

누구나 자신이 좋아하는 사람을 도와주고 싶고, 응원하고 싶은 마음은 같다. 꿈을 찾고, 이루어가는 과정은 절대 혼자서는 불가능하다. 그런데 감사와 칭찬은 사람들을 내 편으로 만들어서 자발적으로 나를 돕게 만든다. 물리적, 경제적, 정신적, 어떤 방법을 써서라도 말이다.

세상 사람들은 누구나 성공을 꿈꾸고 성공하면 행복해질 거라고 말한다. 그런데 "성공이 뭔데? 어떻게 되는 게 성공한 거야?"라고 물으면 바로 대답하는 사람이 드물다. 그나마 한다는 대답이 '돈 많이 버는 것' 정도다. 돈을 많이 버는 것이 성공이고, 돈을 많이 벌어야 행복하다는 것이다. 안타까운 결론이지만 현실이므로 부정하고 싶지는 않다.

그렇다면 돈을 많이 벌면 왜 행복해지는 것일까? 사람의 '인정받고 싶은 욕구' 때문이다. 인간이 가진 욕구가 식욕, 성욕, 수면욕만 있는 것은 아니다. 오히려 누군가에게 인정받기 위해 다이어트를 하면서 식욕을 억제하기도 한다. 다이어트를 하는 이유가 자기만족 때문이라고 말하는 사람들은 한 단계 더 생각해보기 바란다. 거울을 보면서 날씬한 모습에 만족하는 이유는 결국 사회적인 '미'의 기준을 충족했기 때문이다. 이처럼 사람의 인정받고 싶은 욕구는 인간의 3대 욕구만큼이나 굉장히 강한, 어쩌면 더 높은 차원의 욕구라고 볼 수 있다. 오죽하면 평생 자기 수행을 하신 법정스님마저 이런 말씀을 하셨겠는가.

"성욕이나 명예욕 같은 욕구는 극복할 수 있었다. 그러나 극복하기 참으로 어려운 욕구가 있었는데 그것은 인정받고 싶은 욕구였다."

사람들이 돈을 벌었을 때 행복해지는 이유는 더 맛있는 음식을 먹고, 더 좋은 집에 살고, 고급 외제차를 타면서 만족을 느끼는 것도 있지만, 결국 그 만족은 사람들의 부러워하는 눈빛에서 온다. '인정받고 싶은 욕구'가 충족되기 때문이다. 그렇다면 굳이 돈을 많이 벌지 않고도 인정받고 싶은 욕구를 충족할 수 있다면 누구나 다 행복에 가까워지지 않을까? 그 유일한 해답이 감사와 칭찬에 있다.

나는 감사일지를 쓰면서 정말 많이 고민했다. 하루 종일 일만 하다가 집에 와서 감사일지를 쓰는데 대체 감사할 일이 뭐가 있단 말인지, 차라리 '분노일지'라고 하면 하루에 열 개라도 쓸 수 있을 것 같았다. 내 기준에서 감사할 일은 눈을 씻고 찾아봐도 없었다. 그렇다고 매일 '살아 있음에 감사합니다. 건강함에 감사합니다'라고 쓸 수는 없는 노릇 아닌가.

그래도 천만 원을 내고 받은 숙젠데 성의 없이 할 수는 없었다. 억지로 쥐어짜며 감사일지를 쓴 지 며칠이 지나자 요령이 생기고, 감사가 습관으로 자리 잡기 시작했다. 요령의 핵심은 '그럼에도 불구하고'였다. 분노일지에 쓸 내용들을 조금씩만 수정해서 감사일지로 사용했던 것이다. 예를 들면 '이해가 안 되는 이유로 욕을 먹어서 화가 났습니다'라는 문구를 '이해가 안되는 이유로 혼났지만, 앞으로 조심해야 할 것을 하나 더 배웠습니다, 감사합니다'라고 바꾼 것이다. 이렇게 감사일지를 쓰다 보니 예전 같았으면 화가 났을 시점에 용서하고 감사하게 되었다. 어느 순간이든 뭐 하나라도 더 배우기 위해 노력하고 있었다. 화가 날 일이 점차 감사하는 일로 바뀌었으니 삶이 전보다 행복해진 것은 당연한 일이었다.

감사일지를 동영상으로도 찍어서 올리다 보니 매일매일 숙제 때문에라도 감사하다는 말을 최소 세 번 이상 하게 되었다. 평소에 한 번도 안 하던 것을 하루에 세 번 이상 하게 되면서 인생이 바뀌기 시작했다. 이제는 음식점에 가도, 옷을 사러 가도, 사람들을 만나도 항상 감사하다는 말이 입에서 절로 나온다. 오죽하면 같이 다니는 사람들이 "뭐가 그렇게 맨날 감사하냐?"고 할 정도다.

이게 별거 아닌 것 같지만 감사하다고 말할 때마다 듣는 사람들의 표정이 달라진다. 그리고 사람들의 밝아지는 얼굴을 보면서 나도 자연스레 표정이 밝아진다. 표정과 뇌는 연결되어 있기 때문에 행복해지면 웃음이 저절로 나오듯이 웃으면 저절로 행복해진다.

우리나라 사람들은 특히 남에 대한 칭찬에 인색하다. 칭찬을 하면 '손발이 오그라든다'고 생각하는 듯하다. 특히 남자들은 더 심하다. 나와 누나가 없을 때에는 어떨지 모르겠지만 아버지가 어머니한테 칭찬이나 고마움을 직접적으로 표현하는 모습을 본 적이 거의 없고, 군대에서 10년 동안 있으면서 남자들에게 들었던 칭찬이 손에 꼽힐 정도다. 그나마 받았던 칭찬도 울며 겨자 먹기 수준이었다. 이 증상은 친한 친구들끼리 더 심하게 나타난다.

여자들은 서로 칭찬을 잘해주는 것 같은데 남자들은 칭찬을 하는 것도, 받는 것도 힘들어한다. 누가 나한테 칭찬을 하면 속으로는 좋으면서도 부끄러워서 "뭐야, 갑자기 왜 이래?"라는 반응을 보인다. 그러니 칭찬을 해주는 사람도 기분이 썩 좋을 리가 없다. 칭찬을 잘하는 것도 중요하지만, 나에게 칭찬해주는 사람의 기분을 좋게 해주는 것도 중요하다. 그래야 상대방도 칭찬을 많이 해주고 싶어진다.

우리나라에서 칭찬을 가장 많이 하는 사람은 영업사원들이다. 참으로 슬픈 일이 아닐 수 없다. 사소한 칭찬 하나가 한 사람의 기분을 하루 종일 좋게 만들어줄 수 있음에도 우리는 쉽게 칭찬을 하지 않는다. 감사와 칭찬은 상대방을 위한 것 같지만 결국 나를 위한 것이다. 진심으로 상대방을 용서할 줄 알고, 먼저 대우해주는 사람은 어느 모임을 가든 존경을 받는다. 특히 상대방의 목표와 꿈에 대해서, 또는 가치관에 대해서 존중하고 응원해준다면 사람들은 모두 내 편이 되어 나의 꿈 또한 인정해줄 것이다.

당신이 사람들에게 인정받기 위해, 지금 즉시 행복해지기 위해 기억해야 할 것은 딱 두 가지다.

첫째, 항상 감사하고 칭찬하라.
둘째, 상대방의 목표, 꿈, 가치관을 먼저 존중하고 응원하라.

'나'라는
가치주에 투자한다

오랜 세월 **직장인들의** 변하지 않는 관심사가 하나 있다. 일정하게 받는 월급을 차곡차곡 모아서 어떻게 불릴 것인가에 대한 관심, 바로 재테크다. 펀드, 부동산 등등 다들 관심이 많지만 유독 내 주변에는 주식을 하는 사람이 많다. 또한 대중교통을 이용하다 보면 직장 동료로 보이는 사람들이 주식에 대한 이야기를 하는 것을 심심찮게 볼 수 있다. 주식이라는 게 대체 무엇이기에 사람들이 이렇게 주식만 쳐다보고 있는 걸까?

역시 궁금할 때에는 직접 해보는 게 제일이다. 주식을 하는 사람들의 심리까지 배우려면 긴장할 만한 정도의 금액을 투자해봐야 할 것 같았다. 주식을 한 지 꽤 된 친구에게 이런 이야기를 하자 다음과 같이 말을 해주었다.

"주식에 돈을 투자해놓고 일주일 이상 한 번도 안 볼 수 있으면 소질 있는 거야. 한번 해봐."

굉장히 쉬울 것 같았다. 한 달도 아니고 고작 일주일? 우스웠다. 나는 증권 계좌를 만들자마자 계획했던 만큼의 금액을 투자했다. 물론 투자하기까지의 과정에는 꽤 많은 노력이 들어갔다. 주식에 대한 기본적인 지식을 알려주는 책도 읽고, 신문과 인터넷 기사를 뒤져보기도 하고, 나름대로 차트까지 분석해가며 두 개의 주를 선택했다. 저렴한 매수가로 사서 뿌듯한 마음으로 주식 어플을 닫으려는데, 문제는 이때부터였다.

'어, 뭐야? 이거 왜 갑자기 떨어지지?'

1분도 안 돼서 내 돈이 -10~-15만 원 사이를 왔다 갔다 했다. '원래 주식이란 이런 거구나' 하면서 최대한 담담하게 휴대전화를 손에서 내려놓았다. 그리고 일주일을 보지 않겠다던 나의 다짐은 단 1분 만에 완전히 날아가버렸다. 그로부터 약 5분 후, 10분 후, 30분 후, 다시 5분 후 휴대전화에서 눈을 뗄 수가 없었다. 한 시간이 지나자 이번에는 마이너스가 아니라 +20만 원이 되었다. 한 시간 만에 무려 20만 원을 번 것이다. 은행에 넣어두면 일 년 넘게 걸리는 이자를 주식에서는 한 시간 만에 벌 수 있었다. 짜릿했다.

'돈을 이렇게 쉽게 버는구나. 그래서 사람들이 전부 주식을

하는 거구나. 이걸 여태 왜 몰랐을까? 힘들게 일하지 않아도 부자가 될 수 있구나.'

일주일 정도가 지났을 때 주식은 약 50만 원이 올라 있었다. 그날 친구들에게 시원하게 밥을 샀다.

"야, 많이 먹어. 더 시켜도 돼."

그리고 속으로 이렇게 생각했다.

'너희가 실컷 먹어봐야 얼마나 나오겠니. 일주일 만에 50만 원을 벌었는데 그중에 10만 원 정도 밥 산다고 티도 안 난다. 원래 잘 버는 사람이 밥도 사고 그러는 거 아니겠니.'

밥을 사고 정확히 이틀 후, 거의 몰빵을 해두었던 자동차회사가 파업을 했다. 그 여파로 내가 샀던 주식은 100만 원이 떨어졌다. 당시 얼마나 많은 고민을 했는지 모른다.

'이 회사가 지금의 위기를 이겨낼 수 있을 것인가?'

'지금의 위기를 이겨낸다면 얼마나 더 성장할 것인가?'

고민을 하고 있는 며칠 사이 주식은 다시 +40만 원이 되었다. 나는 미련 없이 가지고 있던 모든 주식을 현금으로 환원했다. 그리고 얼마 후 증권 계좌를 해지했다. 이렇게 갑자기 생각을 바꿔 먹은 이유는 단 한 가지였다. 이 회사가 과연 지금의 위기를 이겨낼 수 있을 것인지, 지금의 위기를 이겨낸다면 얼마나 더 성장할 것인지, 지금 내가 그런 고민을 할 때가 아니었다. 남의 회사에 신경 쓰기는커녕 나라는 회사를 제대로 경영할 시간도 부족했다.

'나는 지금의 위기를 어떻게 극복하고, 얼마나 더 성장할 수 있을까?'에 대해 끊임없이 고민해야 한다. 내 인생에 대해 생각하고 고민하기도 바쁜데, 왜 굳이 돈까지 빌려줘 가면서 다른 회사의 미래까지 신경 써야 한다는 말인가. 나는 더 이상 그러지 않기로 했다.

주식을 잘한다는 것은 결국 '가치주'와 '성장주'를 잘 찾아 투자한다는 말이기도 하다. 성장주라는 것은 네이버 지식백과에 의하면 '지금보다는 앞으로 성장할 가능성이 큰 종목'을 말한다. 그러므로 우리는 주식 투자를 할 때 많이 성장할 가능성이 가장 확실해 보이는 곳에 투자를 해야 한다.

주식을 제대로 오래 공부해보지 않아서 자세히는 모르겠지만, 나는 다른 어떤 회사에도 그런 확신은 못 가질 것 같다. 직접 경영하지도 않고, 일해보지도 않은 회사의 성장을 어떻게 확신할 수 있을까? 나는 항상 현실적인 것을 추구하는 사람이다. 그래서 주식보다는 나 자신에게 모든 돈을 투자하기로 했다.

이렇게 결심하고 나니 더 이상 차트를 볼 필요도, 신문과 인터넷 기사를 뒤져가면서 회사의 미래가 어떻게 될지 분석할 필요도 없었다. 여태까지의 삶이 차트고, 지금 생각하고 배우고 있는 것이 미래이며 전망이다. 앞으로 돈이 남아돌지 않는 이상 주식 투자를 하는 일은 평생 없을 것이다. 회사를 상장시킨다면 모를까.

우리는 어렸을 때부터 근면 성실하게 살고, 안정적인 월급을 주는 직장에 다니며 절약하고 저축하다 보면 잘살 수 있다고 배웠다. 그런데 현실이 과연 그런가? 우리나라는 세계적으로 경제대국인 데 비해 행복지수가 터무니없이 낮다. 과연 사람들이 성실하지 못하고, 월급이 불규칙한 회사에서 일하며, 돈을 흥청망청 써서 그런 것인지 다시 한 번 생각해볼 필요가 있다.

열심히 절약하고 저축한 돈으로는 결혼을 하고, 집을 사는 등 경제적으로 여유 있게 살기가 현실적으로 어렵다. 이 사실은 이 시대를 살아가는 사람들이라면 누구나 알고 있을 것이다. 그래서 우리는 살면서 주식뿐만이 아니라 예·적금, 펀드, 부동산, 보험 등 재테크에 끊임없이 관심을 가질 수밖에 없다. 평생 나와 전혀 관련도 없는 은행, 남의 회사, 국가 정책에 대해 끊임없이 고민하지 않으면 경제적으로 힘들어진다는 말이다. 그런데 아이러니하게도 안정적으로 월급을 주는 직장에 꾸준히 다니면서 절약하고 저축하는 사람이 수입을 늘리는 방법은 재테크밖에 없다.

만약 본인의 꿈을 이루고 싶고, 성공해서 경제적 부를 이루고 싶다면 우리는 어렸을 때부터 세뇌된 상식을 하나씩 깨부숴야 한다. 근면 성실보다는 효율적으로 사는 법을 익히고, 안정적인 월급이 아닌 안정적으로 꿈을 성장시킬 수 있는 일을 해야 한

다. 마지막으로 열심히 절약해서 은행에 빌려주지 말고 본인의
성장에 투자해야 한다.

먼저 **행동하고,**
나중에 생각한다

열아홉 살, **일을** 처음 시작했을 때부터 꾸준히 들어오던 말이 있다.

"신중하지 못하다. 성격이 너무 급하다."

다 비슷한 말이다. 나 스스로도 너무나 잘 알고 있다. 성격이 급해서 한 번 결정한 일은 당장 해버려야 속이 시원하다. 일에서뿐만 아니라 무언가를 배우고 싶을 때, 사고 싶을 때, 여행 가고 싶을 때 당장 계획을 짜서 실행하곤 한다. 그래서 그런지 갑자기 휴가를 쓰게 되는 경우가 많다. 휴가를 쓰기 위해 핑계를 대느라 대체 몇 명을 입원시키고, 몇 명을 돌아가시게 했는지 모르겠다. 갑작스러운 휴가를 위한 핑곗거리가 되어주신 그 분들에게는 항상 진심으로 죄송하다.

사실 사람들은 흔히 성격이 급하다고 하면 부정적인 생각부터 떠올린다. 수시로 '빨리빨리'를 외치고 다혈질에, 예민한 사람이라고 생각한다. 하지만 정확하게 말하면 나는 성격이 급한 게 아니라 호기심이 많을 뿐이다. 매사에 급한 것이 아니고 꼭 배우고 싶거나 하고 싶은 일이 생겼을 때에만 행동이 빠르다. 절대 다른 사람들에게 피해를 끼친 적도 없고, 억지로 함께 하자고 조른 적도 없다.

언제부터인지 모르겠지만, 사람들은 어떤 행동을 할 때 '심사숙고'하고 '비교 분석' 하는 것을 사회적인 미덕으로 보기 시작했다. 그래서 그런지 내 행동이 주변 사람들의 눈에 조금이라도 무모해 보이면 언제나 잔소리를 듣곤 했다. 그 사람들에게 피해를 끼치지도 않았고, 본인의 삶에 영향도 없을 텐데 말이다.

물론 심사숙고해야 할 때도 있고, 철저히 비교 분석 해서 효율적인 선택을 해야 될 때도 분명히 있다. 하지만 대부분 그 과정에서 효율적인 선택보다는 행동을 멈추는 경우가 많다. 적어도 꿈을 찾으려는 사람들은 생각보다 행동이 앞서야 한다. 새로운 것은 항상 사람들에게 두려움과 설렘을 동시에 주는데, 생각부터 하기 시작하면 어느새 설렘은 사라지고 두려움만 커지기 마련이다. 해보기도 전에 계속 머릿속에서 저지당하는 과정을 반복하다 보면 평생 정해진 틀을 깨지 못한다.

사실 나는 레저 스포츠 강사, 테니스 전문가 말고도 중간중간 수많은 꿈들을 찾아다녔다. 그중 하나가 비행기 조종사였다. 학교 선배 중 제대 후 조종사를 준비하는 분이 계셨는데 뭔가 멋있어 보였다. 조종사는 돈도 많이 벌면서 사회적으로 인정도 받고, 무엇보다 부모님이 좋아하실 것 같았다.

너무 오래돼서 제목은 기억나지 않지만, 대한항공 조종사가 쓴 책도 사보고 인터넷으로 검색도 해봤다. 하지만 그것만으로는 정보가 너무 부족했다. 내가 가장 궁금했던 것은 실제 조종사들의 삶이 어떤가 하는 것이었지 조종사가 되는 과정이 아니었다. 결국 대한항공의 조종사들을 직접 만나보기로 했다. 어떤 경우든 이론이 아닌 실제를 경험한 사람들이 가장 정확한 답을 주기 마련이다. 꿈을 현실화시키는 가장 쉬운 방법은 그 분야의 경험자들을 만나 함께 고민하는 것이다.

결정을 했으니 바로 가야 했다. 주말까지 기다릴 마음의 여유도, 굳이 그럴 이유도 없었다. 항상 그래 왔듯이 친한 친구의 부모님이 돌아가셨다는 핑계를 대고 다음 날 바로 휴가를 썼다. 당시에는 청주에서 근무했으니 청주공항으로 갔어도 됐는데 왜 굳이 인천까지 가야 한다는 생각을 했는지는 모르겠다. 어쨌든 인천국제공항까지 가고 싶었고, 청주에서 인천공항까지 당일치기 여행을 하게 되었다.

미리 전화를 하고 간 것도 아니고, 방법을 딱히 생각하고 간

것도 아니었다. 서울로 가는 버스를 타고 나서야 방법을 생각해 보기 시작했다.

'조종사 대기실이 따로 있겠지? 내가 들어갈 수 있을까? 못 들어가게 하면 밖에서 기다리다가 조종사로 보이는 사람한테 물어봐야겠다.'

혼자 머릿속으로 질문하고 답변하는 사이 공항에 도착했다. 도착하자마자 친절해 보이는 직원에게 가서 물었다.

"어…, 저, 제가 조종사분들한테 물어보고 싶은 게 있는데…, 혹시 조종사들은 대기실이 따로 있나요?"

"네? 어떤 걸 물어보시려고요?"

"제가 조종사가 되고 싶은데…, 조종사들이 어떻게 사는지 궁금해서요."

"잠시만요, 저기 오시네요."

직원이 가리키는 곳을 보니 에스컬레이터를 타고 깔끔하게 차려입은 남성 세 분이 내려오고 있었다. 나는 혹시라도 놓칠세라 그 직원분에게 감사하다는 말도 못 한 채 바로 뛰어갔다.

"안녕하세요, 혹시 시간 괜찮으시면 잠깐 얘기 좀 나눌 수 있을까요? 제가 지금 군인인데…, 어제 급하게 휴가도 쓰고……."

최대한 불쌍하면서도 열정적인 표정을 지으려고 애썼다. 목마른 사람이 우물을 파야 하듯 이야기를 듣고 싶다면 주저 말고 찾아가야 한다. 만날 수 있고 없고는 그 후의 문제다. 다행히도 나는 그 조종사들과 같이 식사를 하며 꽤 많은 이야기를 주고받을 수 있었다. 이야기를 들은 후 조종사의 꿈을 포기하기로 결심했지만, 그것에 대해 단 1초도 후회한 적 없다. 휴가를 쓰고 청주에서 인천까지 가서 조종사들과 식사를 했던 경험은 아직도 너무나 자랑스러운 기억이다.

포기했다고 헛고생한 것이 아니다. 얼핏 보면 아무것도 얻은 게 없어 보이지만, 사실은 얻은 게 더 많다. 만약 책을 읽거나 그저 머릿속으로만 생각했다면 막연한 꿈에 머물러 오래도록 고민만 했을 것이다. 바로 실행하고, 먼저 경험한 사람을 만나 보는 것은 이처럼 엄청난 고민과 시간을 절약해준다.

또 한 번은 이런 적도 있었다. 사업에 관심이 생기고 나서부터는 주변에 있는 모든 것들이 다 사업 아이템으로 보이기 시작했다. 비록 나는 패션에 문외한이지만, 옷에 관심 있는 친구들이 주변에 많았다. 어느 날은 친구와 대화를 나누다가 이런 이야기를 들었다.

"한국에는 없는 옷이랑 신발을 해외에서 구매대행 해주는 블로그가 있어. 이 옷도 거기서 산 거야."

머리가 번쩍였다. 해외 구매대행? 우리나라 사람들이 외국에 나가서 비싼 명품이나 한국에서 팔지 않는 옷들을 사온다는 이야기는 그전에도 익히 들어 알고 있었다. 사업에 관심이 없을 때에는 나와 전혀 상관없는 이야기들이었지만, 이제는 달랐다.

비행기를 타고 가서 사올 정도면 사업 아이템으로서 충분히 손색이 없겠구나 싶었다.

인터넷으로 검색해보니 무슨 소린지 전혀 이해도 안 가고, 과정도 너무 복잡했다. 그러던 와중에 내 눈길을 끌었던 것은 해외 구매대행을 전문적으로 가르친다는 글이었다. 후기들을 살펴보니 부업으로 한 달에 백만 원을 번 사람도 있고, 전업으로 천만 원을 번다는 사람도 있었다. 직접 전화를 해보니 강의료는 4주 과정에 백만 원이라고 했다. 나는 이번에도 역시 고민하지 않았다. 지금 바로 입금하면 20퍼센트 할인해준다는 소리에 친구의 돈까지 빌려서 급하게 입금했다. 어차피 돈 벌면 이자까지 붙여서 주면 된다는 생각이었다.

첫 강의가 있던 주말, 환불 불가 규정에 서명을 하고 교육 내용을 절대 발설하지 않겠다는 서약서를 썼다. 강의 내용은 확실히 파격적이었다. 탈세, 사기, 범법 행위들을 대놓고 가르치기 시작했다. 사람들은 환호했지만 나는 혼자서 혼란에 빠졌다.

두 번째 강의부터는 들으러 가지 않았다. 지금은 꽤 재밌었던 추억으로 남아 있지만, 당시에는 엄청난 충격이었다. 그런 것들을 대놓고 교육하는 것도 놀라웠고, 열광하던 사람들의 반응은 더 놀라웠다. 어쩌면 이 역시 돈을 내고 직접 가보지 않았다면 절대 할 수 없는 경험이었다.

스노보드, 웨이크보드, 테니스도 다 비슷한 과정을 거쳐서 배우기 시작했던 것들이다. 한국영업인협회에서 1,100만 원을 내고 강의를 들은 것도, 이영석 대표님에게 천만 원을 내고 식사를 제안한 것도 모두 행동부터 하고 보는 습관 덕분이었다. 사람들이 모두 "무모하다", "미친 거 아니냐?"라고 말했지만 나는 오히려 그다음에 할 행동을 이어서 했다. 그리고 그 무모한 행동들이 모여서 내 인생을 조금씩 바꿔가기 시작했다.

우리가 흔히 말하는 신중하다는 말의 뜻은 '매우 조심하다'는 의미다. 그리고 매우 조심한다는 것은 어쩌면 과감하게 행동할 용기가 없다는 말과 같다. 우리는 꿈을 좇는 동안 무모한 행동으로 인해 주변 사람들의 비난을 받게 되거나 돈을 너무 많이 투자해서 하루 세 끼 라면만 먹게 될지도 모른다. 그러나 너무 걱정할 필요는 없다. 어차피 당신이 꿈을 이루는 순간 사람들의 비난은 응원과 존경으로 바뀌고, 라면은 고급 호텔의 스테이크로 바뀔 것이기 때문이다. 꿈을 이루고 싶다면 먼저 행동하고, 나중에 생각하라.

적은 돈은 아끼고,
큰돈은 제대로 쓴다

'돈을 어떻게 써야 하는가?'에 대한 관점은 사람에 따라 너무나 다르다. 그중에서도 나는 돈을 '인격체'로 바라본다는 관점을 지향하는데, 이 관점은 굉장히 흥미롭다.

《생각의 비밀》의 김승호 저자의 말에 의하면 적은 돈은 어린 아이, 큰돈은 어른처럼 보라고 한다. 어린아이는 아끼고 잘 보살펴야 하며 아이가 어른이 되면 옳은 곳, 좋은 곳으로 내보내 줘야 한다는 것이다. 그런데 우리는 대부분 거꾸로 한다. 적은 돈은 허투루 쓰고, 큰돈을 쓰는 것은 두려워하는 것이다.

혼자서 돈을 좋아하는 것은 짝사랑이다. 돈을 인격으로 바라보면 돈도 나를 좋아하게 만들 수가 있다. 돈을 쓸 때에는 인색과 절제를 구분하는 자세가 필요하다. 인색은 짝사랑에 대한 집착이고, 절제는 사랑하지만 때로는 더 좋은 곳으로 보낼 수 있는 용기다.

돈을 인격체로 바라본다면 좋은 곳에 보내진 돈은 다시 돌아오려는 성향을 가진다. 다시 돌아와도 더 좋은 곳에 가게 된다는 사실을 알기 때문이다. 돈을 좋은 곳에 보낸다는 것은 곧 좋은 일을 하는 데에 쓰고, 좋은 곳에 투자하라는 말이다.

나는 돈을 굉장히 과감하게 쓰는 편이다. 특히 '배우는 것에는 절대 아끼지 말자'는 것이 내 인생의 철칙이기도 하다. 이 생각은 꽤 오래전부터 변함이 없었다. 정확히 말하면 나는 큰돈보다 적은 돈에 오히려 민감한 편이다.

천만 원짜리 강의를 들으러 다니면서 친구들에게 가장 많이 들었던 말은 "야, 천만 원짜리 강의 듣는 놈이 만 원짜리 밥 한 번 못 사냐?"였다. 이런 말을 들을 때마다 나는 이렇게 대답하곤 했다.

"그렇게 아껴서 천만 원짜리 강의 듣는 거야."

실제로 그랬다. 친구들, 선배들이 스트레스 푼다고 술 먹자고 할 때마다 열에 아홉은 거절했다. 친구들이 쇼핑할 때 가끔 따라는 가긴 하지만 실제로 사는 것은 다섯 번 중 한 번 꼴이다. 거의 매주 술자리가 있다고 감안할 때 52주×5만 원(이 정도면 적은 편이다)=약 250만 원, 1년이면 250만 원이 생긴다. 담배 피는 친구들에 비하면 매년 100만 원을 아끼는 셈이고, 쇼핑을 좋아하는 친구들에 비하면 매년 적어도 50~100만 원은 아낄 수 있다.

물론 이렇게 살면 매일 입던 옷만 입게 되고, 사람들과 좀 더 가까워질 기회를 놓치기도 한다. 그렇다면 돈을 어디에 써야 잘 쓰는 것일까? 내 주관적인 생각으로는, 특히 '새로운 경험'에 돈을 아끼지 말아야 한다. 반면에 대부분의 많은 청년들은 매번 같은 곳을 가고 같은 음식을 먹으며 "지금 행복한 게 중요하지! 아득바득 모아서 뭐하냐!"라는 소리를 하곤 한다.

누구나 진정한 행복을 누릴 수 있는 권리가 있지만, 아무나 누릴 수 있는 것은 아니다. 예를 들면 '어느 정도' 비싼 3~5만 원 하는 뷔페는 누구나 갈 수 있다. "월급날이니까 이 정도는 먹어줘야지" 하며 갈 수 있는 것이다. 하지만 10만 원이 넘어가면 이야기는 달라진다.

"너무 비싸다. 저기 갈 바에는 차라리 5만 원짜리를 두 번 먹는 게 낫지."

이런 사람은 아마 평생 10만 원보다 비싼 음식점에 갈 일이 거의 없을 것이다. 가격이 비싸도 사람들이 찾는 것은 결국 그만한 가치가 있기 때문이다. 직접 가보고 후회하는 것과 가보지도 않고 판단해버리는 것은 엄청난 차이가 있다. 물론 10만 원짜리 뷔페를 한 번 먹기 위해 일주일 내내 삼각김밥만 먹어야 할지도 모를지언정 직접 가본 사람들은 그곳에 대해 평가하는 기준이 분명하다.

"내가 저기 가봤는데, 메뉴들이 하나하나 전문 음식점의 요리 같더라. 특히 디저트가 예술이었어."

"메뉴는 확실히 엄청 많은데, 생각보다 맛은 크게 다르지 않았어. 어차피 뷔페 가도 먹는 음식만 먹는 사람들은 그냥 일반 음식점에 가는 게 낫겠더라."

또 다른 예시를 들어보자. 이영석 대표님에게 천만 원을 건넨 날, 가장 먼저 갔던 곳은 청담동의 에비뉴 준오였다. 거기서 한재호 부원장님에게 머리를 자르면서 여러 가지 대화를 나눴는데, 아직도 기억에 남는 말이 있다.

"형님, 여기 남자 커트가 5만 원 정도 하면, 여자들 파마나 염색 같은 건 장난 아니겠네요?"

"기본적으로 ○○만 원에서 ○○만 원 정도 하지."

"와, 엄청 비싸네요. 그럼 여기 오는 사람들은 거의 다 부자들이에요?"

"부자들도 있고, 직업상 잘 꾸며야 하는 친구들도 많이 와. 그런데 생각보다 돈 없는 사람들도 꽤 와. 동네 미용실보다 몇 배 비싸더라도 여기서 하겠다는 거지. 얘기를 자세히 들어보면 몇 달 동안 돈 모아서 온대. 그런 사람들은 고마워서 나도 더 신경 써서 해줘."

이런 사람들은 돈을 제대로 쓸 줄 아는 사람들이다. 운동을 할 때도 몸이 힘든 단계를 거쳐야 근육이 성장을 하고, 공부를 할 때도 머리가 아파봐야 지적 능력이 향상된다. 본인의 수준 이상을 경험해야 무엇이든 성장하는 것이다. 돈도 마찬가지다. 다른 사람들이 먹는 정도만 먹고, 항상 '적당히, 적당히' 쓰는 사람들은 아무런 성장이 없다. 자잘한 돈은 최대한 아끼면서 악착같이 모으고 큰돈은 평소에 정말 하고 싶었던, 대부분의 사람들이 비싸다고 못하는 것들에 과감하게 질러봐야 한다.

어떤 사람들은 본인 수준에 안 맞게 돈을 쓰는 사람들을 보고 "사치스럽다"고 말한다. 사전적 정의에 의하면 사치는 '필요 이상의 돈이나 물건을 쓰거나 분수에 지나친 생활을 함'이라는 뜻을 가지고 있다. 자신이 정말로 원하는 것이 있어서 다른 데 쓰는 돈을 아끼면서 하겠다는 것은 절대 사치가 아니다. 오히려 절제를 잘했다고 칭찬해줄 일이다.

명품을 좋아하는 것도 마찬가지다. 직접 경제생활도 안 하는 학생이 부모님의 등골을 빼먹으며 명품을 산다고 하면 쌍욕을 먹어도 싸다. 하지만 본인이 떳떳하게 번 돈을 아껴서 명품을 사는 것은 절대 누구도 욕할 자격이 없다.

거듭 말하지만, 직접 경험해보지 않으면 절대 모르는 것들이 반드시 있다. 비싼 음식점에서 제대로 된 서비스를 받아봐야 그 비용에 단순히 음식 재료만 들어간 것이 아니라는 사실을 깨달게 되고, 제대로 된 명품을 써본 사람만이 단지 디자인만 보고 명품을 사는 것은 아니라는 것을 몸소 느낄 수 있다.

나 또한 적은 돈을 아끼고 아껴서 테니스 레슨을 받았고, 천만 원짜리 강의를 들었고, 이영석 대표님에게 언제든지 도움을 받을 수 있게 되었다. 주변 사람들은 돈을 너무 막 쓰는 게 아니냐며 걱정하기도 했지만, 막상 나는 전혀 걱정이 되지 않았다. 그 누구보다 돈을 제대로 쓰고 있었으니까.

만약 다른 친구들과 똑같이 술 마시고 싶을 때 마시고, 쇼핑도 적당히 하면서 담배까지 폈다면 좀 더 힘든 상황이 되었을지 모르겠다. 평범하지 않게 돈을 썼기 때문에 나만의 스토리가 만들어졌고, 새로운 경험들을 다양하게 할 수 있었다. 그래서 결론적으로는 꿈도 찾을 수 있었고, 대부분의 사람들과는 다른 삶을 살게 되었다. 새로운 경험을 하지 않고서 새로운 삶을 사는 것은 불가능하다. 꿈을 찾고 싶고, 지금과 다른 인생을 살고 싶다면 돈에 대한 관점부터 바꿔야 한다.

모든 것에
끊임없이 질문한다

이영석 대표님에게 배운 것들 중 딱 한 가지만 뽑으라면 '질문'이라고 말할 수 있다. 이영석 대표님은 평소 갑자기 궁금한 것이 생기면 항상 그 자리에서 질문을 하곤 하신다. 인생 자체가 질문이다. 본인이 강의를 하실 때에는 역으로 수강생들에게 질문을 하라고 시키신다. 그리고 막힘없이 그에 대한 명쾌한 대답을 해주신다.

가족들과 여행을 가서도 길에서 사다리 작업을 하는 분들에게 "이런 사다리는 얼마나 합니까? 사다리 작업하려면 비용을 얼마나 줘야 돼요? 페인트칠을 이 정도로 하려면 몇 시간이나 걸려요?"라며 끊임없이 질문하시기도 했다. 또 리조트에 강의를 하러 가서 호텔 지배인과 네 시간 동안 리조트 경영과 부동산에 대해 대화를 하시기도 했다. '역시 사업하는 사람들은 모든 것에 호기심이 많다더니 정말이구나' 하며 처음에는 그냥 궁금증이 좀 많으신가보다 했다. 그러던 어느 날 기업체 강의를 하시는 곳에 따라가서 참관을 하게 됐는데, 강의 중에 이런 내용이 있었다.

"요즘 인문학 열풍이 불잖아요. 저도 예전에 엄청 비싼 돈을 주고 인문학 강의를 들으러 갔던 적이 있었는데, 굳이 강의를 들을 필요 없습니다. 이거 하나만 기억하면 돼요. '물음표'. 항상 모든 것에 궁금증을 가지고 질문하라는 것입니다. 당연하다고 생각되는 것에도 항상 궁금증을 가지세요. 물음표를 눕히면 어떻게 되나요? 갈고리가 됩니다. 질문을 함으로써 갈고리로 정보를 긁어오는 것입니다. 그러니 누군가를 만날 때, 혹은 강의를 들으러 갈 때 질문을 최소 열 개 이상은 준비해가세요. 그냥 가는 것보다 열 배는 더 많이 배우고 올 겁니다."

이 강의를 듣고 나서야 왜 그토록 질문에 집착하시는지 이해가 되기 시작했다. 그리고 나중에 내가 강의를 할 때 반드시 이런 방식을 도입해야겠다고 마음먹었다. 우리나라 사람들의 특징 중 하나가 질문을 전혀 하지 않는 것인데, 강의를 완벽하게 이해해서가 아니라 주변의 시선을 너무 인식하는 탓이다. 우리가 어렸을 때부터 학교와 집에서 가장 많이 들어왔던 말은 "조용히 해, 가만히 있어, 나대지마"였다. 이렇게 자란 사람들이기에 조용한 강의실에서 혼자 질문할 용기가 안 나는 것은 어쩌면 당연하다. 심지어 이제는 용기가 생겨서 질문을 하려고 해도 어떤 질문을 해야 할지조차 생각나지 않는다. 머리가 굳어버린 것이다.

어느 순간 한국 사회에서는 상명하복이 너무도 자연스러워졌다. 윗사람의 명령에 아랫사람이 무조건 따라야 하는 분위기다. 군대에서 전쟁에 대비하기 위해 생긴 이 규율이 정치, 직장, 학교에서도 통용되고 있다. 어느 조직에서든 무조건 '까라면 까, 토 달지 마'라는 문화가 자리 잡은 것이다.

학교 다닐 때에는 시키는 공부만 하다가 취업을 하고, 취업을 하면 시키는 일만 하게 된다. 누군가 질문이라도 하면 "다른 사람들은 다 가만히 있는데, 왜 너 혼자 질문하고 난리야? 네가 그렇게 똑똑해? 나대지 마"라며 말문을 막아버린다. 이런 분위기에서 진정 '창의적이고 혁신적인 업무'가 가능할까? 상명하복을 그렇게 따지고 권위주의를 내세우며 창의적, 혁신적 질문을 못하고 호기심이 죄악처럼 느껴지는 곳에서 혁신과 창의성은 절대 나올 수 없다. 당연히 자발적인 공감과 유대도 있을 수 없다.

우리에게는 남들이 하는 말에 무조건 수용하며 따라야 할 의무가 없다. 반론을 제기할 수도 있고, 그로 인해 새로운 것들을 더 빨리 배울 수도 있다. 이것이 물론 쉬운 일은 아니다. 나 또한 선임들에게 뭔가를 질문할 때면 항상 긴장이 되곤 했다. 일을 한 지 얼마 안 됐을 때에도, 일을 시작한 지 꽤 됐을 때에도 질문을 하면 혼나기는 매한가지였다.

"이게 무슨 작업입니까?(2개월 차)"

"야, 너는 혼자 공부도 안 해보고 날로 먹으려고 하나? 책자에다 나와 있으니까 찾아보고 물어봐!"

"이게 어떤 식으로 작동되는 겁니까?(3년 차)"

"야, 너는 일을 시작한 지 몇 년이 됐는데 이런 기본적인 것도 몰라?"

이런 상황은 나뿐만 아니라 직장생활을 해본 사람이라면 누구나 겪었을 에피소드다. 물론 내가 책상 앞에 앉아서 공부를 한 적이 거의 없는 것은 사실이다. 하지만 공부는 반드시 앉아서 해야 한다고 누가 말했는가? 무조건 책상 앞에 앉아 혼자 책을 보면서 하는 것만이 공부는 아니다. 궁금한 게 생기면 책으로 찾아 공부하는 것이 오래가긴 하지만, 그 자리에서 궁금한 것들을 바로 물어보는 것도 지식을 빨리 습득하는 방법 중 하나다.

적어도 나는 질문에 대해 다른 관점을 가진다. 책을 보고 공부를 하는 것은 가장 비효율적이고 간접적인 학습 방법이다. 학창시절에 강요받던 '조용히 혼자 앉아서 책 보고 공부하기'에 더 이상 얽매이지 마라. 무언가를 빨리 익히기 위해서는 직접 부딪혀보고, 사람들에게 끊임없이 물어봐야 한다. 내가 지금 궁금해하는 정보를 먼저 습득하고, 그와 관련된 일들까지 겪었던 전문가에게 물어보는 것이 훨씬 더 생동감 있게 살아 있는 경험을 배울 수 있는 방법이다.

워런 버핏과의 점심식사가 왜 26억씩이나 할까? 그의 경험을 배울 수 있기 때문이다. 아무리 워런 버핏이라고 해도 세상에 없는 지식을 가르치지는 못한다. 나 또한 많은 저자들의 강의와 컨설팅을 받아봤지만, 본인이 쓴 책의 이론에서 벗어나는 경우는 거의 없었다. 하지만 그럼에도 불구하고 큰돈을 낸 것이 전혀 후회스럽지 않았다. 그 이유는 저자들의 살아 있는 경험을 직접 들을 수 있었기 때문이다.

강의와 컨설팅은 항상 시간이 정해져 있다. 정해진 시간 안에 가장 효율적으로 많은 정보를 얻어가기 위한 방법은 '질문'밖에 없다. 질문은 꿈을 찾는 사람들에게 강력한 '주관'을 선물한다. 질문을 생활화하다 보면 다른 사람들이 이야기할 때 항상 의문점을 갖게 된다. '전문가가 하는 말이니까 무조건 맞겠지?'가 아닌 '저 사람의 생각은 저렇구나, 내 생각은 이런데'가 되는 것이다. 이런 마음가짐은 굉장히 중요하다.

아무 생각 없이 남의 꿈을 보고 '오, 저 사람 멋있다. 나도 저렇게 돼볼까?' 하는 사람들은 대부분 주관이 없다. 그러면 본인의 꿈이 아니라 다른 사람들의 꿈을 좇다가 결국 조금만 힘들어도 포기하기 쉽다. 반면에 주관이 있고, 제대로 된 질문을 할 줄 아는 사람들은 '저 위치에 오르기까지 얼마나 많은 고생을 했을까? 나도 그 고생을 이겨낼 수 있을까?'에 대해 생각한다. 성공한 사람의 현실을 바라보며 그 꿈에 도전하는 것과, 그 과정이나 노력을 바라보고 도전하는 것은 지속 단계에서 엄청난 차이가 있다.

우리는 효율적으로 더 많은 것들을 배우기 위해, 사람들의 굳은 관점에서 벗어나기 위해, 진짜 나의 꿈을 찾고 지속하기 위해 제대로 된 질문을 끊임없이 던져야 한다. 내가 갈 길을 먼저 닦아놓은 선배에게, 그리고 자기 자신에게.

인생을
소풍처럼 산다

어느 날, 아침부터 선배와 한바탕하고 사무실에 앉아서 업무를 보고 있었다. 머릿속은 어느새 여러 가지 생각들로 가득 찼다, 여느 때와 다름없이.

'하, 나는 대화가 하고 싶었을 뿐인데 저 사람은 왜 이렇게 권위주의적일까?'

주말마다 하루 종일 강의를 듣고, 열정적인 사람들을 만나면서 출근해서 앉아 있는 시간들이 점점 더 지옥같이 느껴졌다.

'다른 사람들은 지금도 열심히 꿈을 향해 달리고 있을 텐데 나는 여기서 뭐하고 있는 거지……'

유독 그날 더 심하긴 했지만 항상 하는 생각들이었기에 대수롭지 않게 여겼다. 그런데 그때 갑자기 가슴속이 답답해지기 시작했다. 이런 적은 가끔 있었다. 너무 스트레스를 받거나 누군가와 말이 안 통해서 극도로 답답할 때.

나는 최대한 생각을 멈추려고 애썼다. 하지만 생각은 멈춰지지 않았고, 상태는 점점 심각해져서 나중에는 숨도 잘 안 쉬어지기 시작했다. 더 이상 지체할 수 없어 과장님께 말씀드렸다.

"과장님, 제가 숨이 잘 안 쉬어져서 반차 쓰고 병원 좀 다녀오겠습니다."

"숨이? 일단 군병원부터 가봐요. 나중에 기록이 남아 있어야 후속 처리가 돼요."

사무실원이 군병원까지 태워다주었다. 어떤 물리적인 병이나 질환이 없다는 것은 나 자신이 누구보다 잘 알고 있었다. 군의관이 진료를 봤지만 역시 호흡, 맥박 수, 산소포화도 등 숨이 쉬어지는 데 필요한 기능들은 모두 정상이었다.

"업무 스트레스가 너무 심했나봐요. 일단 정신적 문제인 것 같으니 좀 쉬어봅시다."

업무가 바쁜 것도 아니고, 딱히 스트레스도 없었다. 선배에게 혼이 난 것도 어떻게 보면 결국 내 책임이었고, 혼날 만한 일이었다. 생각해보면 누구의 잘못도 아니었다. 출근해 있는 것 자체가 나를 미치게 만들었고, 하루 종일 사무실에 앉아 억지로 2년을 더 보내야 하는 상황이 가슴을 답답하게 만들었을 뿐이다. 결국 안정제인지 뭔지 모를 주사를 맞고 한 시간 정도 누워 있는 것으로 처방이 내려졌다. 잠이 오지 않았다.

'난 왜 여기 있지? 이러다가 정신병으로 의병 전역 하는 건 아닐까? 차라리 그랬으면 좋겠다. 너무 힘들다.'

그러던 중 어느새 생각이 멈췄다. 숨도 안정적으로 잘 쉬어지고 평온해졌다. 이게 주사의 힘인가? 호흡이 안정적으로 돌아오자 나이가 좀 있으신 간호 선생님이 내 이야기를 차근차근 들어주셨다. 그냥 공감만 해주고 내 말만 들어주시는데도 얼마나 위로가 됐는지 모른다.

일단 퇴원을 하고 사무실에 돌아가 정상적인 업무를 보긴 했지만, 이 증상은 시간이 지나면 또 발생할 것이 분명했다. 결국 부모님과 상의 끝에 밖에서 정신과 진료를 받아보기로 결심했다. 그런데 병원에 전화를 해보니 예약이 계속 꽉 차 있었다. '휴가도 못 쓰고, 매일 야근해서 스트레스 받는 사람들은 정신과 진료도 못 받겠구나' 하는 생각이 들었다. 나는 병원이 아니더라도 일단 심리 상담을 받아보기로 했다. 심리상담센터는 굳이 전화로 예약을 하지 않더라도 언제든지 가서 상담을 받을 수 있었다.

다행히 과장님은 흔쾌히 휴가를 내보내주셨고, 평일 중에 상담을 받으러 갈 수 있었다. 사무실원들은 모두 날 걱정했다. 좋은 사람들이 있는 사무실에서, 업무도 바쁘지 않고 지극히 안정적인 직장에서 왜 자꾸 벗어나고 싶어 하는지 이해가 되지 않는 사람도 있었을 것이다. 다만 확실한 것은, 세상에는 수많은 사람들이 있고 그들 모두가 나와 같은 성격과 가치관을 가질 수는 없다는 것이다. 또한 모두가 같은 생각을 하며 살지도 않는다.

심리상담센터에 도착해 내 차례가 되었다. 선생님은 나이가 좀 젊어 보이셨지만 전문가의 기운이 느껴졌다.

"네, 반갑습니다. 여기 앉으세요."

나는 앉자마자 그야말로 '쉴 새 없이' 이야기를 쏟아냈다. 군 생활 초기부터 지금까지 군대에 대해 어떤 생각들을 해왔고, 지금 어떤 삶을 살고 있으며, 왜 힘든지, 평일과 주말의 삶이 어떻게 다른지 말이다. 선생님은 내가 말하는 동안 한 번도 끊지 않고 끝까지 들어주셨다. 내 말이 모두 끝나고 약 10초간의 정적이 흐른 후 처음 입을 떼셨다.

"주말과 평일의 낙차가 너무 크신 것 같아요. 사람이 스트레스를 심하게 받고 심리적인 충격을 받으면 조울증이 오는 경우가 있는데, 조울증이 오면 사람의 기분이 엄청 업 되었다가 극도로 화가 날 수도 있고, 우울해지기도 하거든요. 지금 생활 자체가 그런 사이클을 돌고 있는 것 같아요. 순서가 반대로 된 거죠. 주말에는 사람들을 만나면서 기분이 계속 위로 올라가 있다가, 평일에 출근만 하면 기분이 아래로 가라앉으시죠? 누가 말만 하면 화가 나고, 뭐라고 하지 않아도 사무실에 앉아 있다는 것 자체만으로 우울해지고요. 그러니까 스트레스를 심하게 받으시는 거예요."

나는 아무 대답도 하지 못했다. 너무도 내 마음을 정확하게 알아주시니까. 선생님의 처방법은 이러했다.

"어차피 제가 평일과 주말의 낙차를 좀 줄이라고 말씀드려도 급하게 줄여버리면 우울증이 올 수 있거든요. 그러지 마시고 몸의 건강부터 챙기세요. 지금 그나마 정신이 버티고 있는 건 몸이라도 건강해서예요. 숨이 안 쉬어졌던 것도 그날 아마 몸 컨디션이 유독 안 좋으셨기 때문일 거예요. 지금 상태에서 건강까지 잃으면 정말 많이 힘들어지실 겁니다. 잠 많이 주무시고, 운동도 꾸준히 하세요. 몸이 건강하면 정신도 쉽게 무너지지 않아요."

'요즘 잠도 거의 안 자고, 운동도 안 하고 있는데…,' 또다시 뜨끔했다. 나는 병원을 나오면서 생각했다.

'이렇게 살다가는 꿈이고 나발이고 몸도, 정신도 망가지겠구나.'

주말 내내 인생 계획을 최대한 단순화시키기 시작했다. 어쨌든 나는 세계 최고의 동기 부여 강사라는 꿈을 이루기만 하면 되었다. 나에게 조금 더 여유와 확신을 심어주기로 했다.

'그래, 나는 어차피 잘해낼 거야. 할 때는 하자. 대신 이제는 미뤄두기만 했던 여행도 다니고 나에게 휴식도 주자. 스승님도 인생은 소풍이라고 하셨잖아. 너무 준비만 하지 말고 소풍 가듯이 즐겁게 가자.'

과거를 되짚어보면 성인이 되고 제대하기로 마음먹었던 순간부터 한 번도 인생을 소풍처럼 살았던 적이 없었다. 항상 인생의 행복을 제대 이후로 미루고 모든 시간을 꿈을 위한 준비에 쏟지 않으면 불안해하고, 초조해하곤 했다. 하지만 이제는 더 이상 그러지 않기로 했다.

운전을 할 때에도 목적지에 도착하는 것에만 초점을 맞추면 가는 길을 여유 있게 못 보고 차가 막힌다고 짜증만 내게 된다. 반면에 드라이브를 갈 때에는 똑같이 운전을 하는데도 그 상황 자체를 즐길 수 있다. 결국 모든 것은 사람 마음에 달려 있다.

지금은 조금 정체된 길 위에 있을지도 모르지만, 세상에 평생 막히는 길은 없다. 지금부터라도 차가 조금 막힌다고 너무 조급해하지 말고 유턴하지 말고 드라이브하듯이, 소풍 가듯이 목적지에 무사히 도착하기를 바란다. 나도, 여러분도.

싫어하는 것을 정확히 알고 있다 | 나 자신을 정확히 파악하고 있다 | 끊임없이 경험하고, 경험하고, 또 경험한다 | 한눈팔지 않고 지속한다 | 눈앞의 돈보다 돈 버는 방법을 중시한다 | 목표를 세분화하고 '하루도 빠짐없이' 수행한다

4

꿈을 찾은 사람들은 이렇게 산다

싫어하는 것을
정확히 알고 있다

각 분야의 **성공한** 사람들을 만나보면 놀랍게도 본인이 싫어하는 것을 정확히 알고 있다. 그들은 오히려 좋아하는 것보다 싫어하는 것을 정확히 파악하고 인생을 살면서 싫어하는 것들을 피하기 위해 노력한다. 이것은 어쩌면 행복한 삶을 살기 위해 반드시 필요한 과정일지도 모른다.

사람들의 성격과 가치관은 개개인마다 다르다. 어떤 사람은 집단적인 성향을 지녀서 직장 동료들이 끈끈하게 지내는 분위기를 선호할 수도 있고, 어떤 사람은 개인적인 성향을 지녀서 본인의 주어진 업무만 하면서 적당한 관계를 유지하기 원할 수도 있다. 이에 대한 예를 들어보자.

친구 세웅이는 최근 6년 동안 해오던 직업군인을 그만두기로 마음먹었다. 본인이 원하던 삶과 너무 다르다는 이유에서였다. 워낙 신중한 성격이어서 몇 년 전부터 야간대학교를 졸업하고 대학원에 진학할 준비를 해오는 등 재취업을 위해 노력하고 있었다. 이 친구의 목표는 교육대학원에 진학해 영어 선생님이 되는 것이었다. 영어를 좋아했고, 좋은 선생님이 되기 위해 항상 최선을 다해 노력해왔다. 그런데 그의 말을 듣다 보면 가끔 의문점이 생겼다.

"회식이 업무의 연장이라고? 그러면 회식비는 왜 나눠 내는 거야? 당연히 예산으로 사줘야지. 업무의 연장이면 야근수당도 당연히 줘야지. 그리고 회식이 업무시간이면 술은 왜 강요하는데? 장난하는 것도 아니고. 앞뒤가 맞는 소리를 하라 그래."

"집단주의적이고 수직적인 문화가 제일 싫어. 맨날 강제로 시키니까 발전이 없지. 자율적인 문화에서 더 지시에 잘 따른다는 걸 모르나?"

자세히 들어보면 그가 현재의 상황 중에 가장 마음에 들지 않아 하는 것은 업무에 관련된 스트레스가 아닌 집단주의와 수직적인 '문화'였다. 특히 친구가 근무하는 곳은 가족 같은 분위기로 다 같이 업무를 해나가는 상황이다 보니 부서장은 모든 사람들의 단합을 위해 자주 회식을 제안했고, 항상 혼자 빠지려고 하는 친구를 못마땅해했던 것이다. 평소에도 그렇고 특히 회의 때에는 계급이 정해져 있다 보니 낮은 계급들의 자유로운 의견은 항상 제지되는 분위기였다. 개인주의적 성향이 강한 세웅이는 이런 문화를 견디기 힘들어하다 결국 제대를 하기로 마음먹었다.

문제는 친구가 영어 선생님으로 취업을 하겠다는 것이었다. 내가 알기로는 수많은 선생님들이 잦은 회식 때문에 고통스러워하며, 회의 때에도 본인의 의견을 자유롭게 내기 힘들다. 그런데 세웅이는 현재의 상황이 본인이 원하는 삶과 다르고, 바꿔야 한다는 사실을 깨닫기는 했지만 가장 중요한 피드백을 거치지 않고 목표를 정한 상태였다. '내가 무엇을 가장 싫어하는가'를 간과한 채 말이다. 이 친구는 더 나은 삶을 위해 누구보다 열심히 노력하고 준비하고 있지만 아마 영어 선생님이라는 꿈을 이루어도 절대 행복하지 못할 것이다.

예전에 어느 개그 프로그램에 이런 대사가 나왔다.

"연애는 자신이 싫어하는 행동을 안 하는 사람이랑 오래 하는 거지, 좋아하는 행동을 자주 한다고 오래가는 것은 아니야."

인생도 마찬가지다. 사람의 뇌는 좋아하는 것을 아무리 많이 하더라도 싫어하는 것 하나에 신경이 더 많이 쏠리게 되어 있다. 세웅이가 만약 영어 선생님이 된다면 본인이 좋아하는 영어 관련 일을 할 수 있게 될 것이다. 하지만 원래의 직장을 떠나고 싶었던 이유에서 벗어나지 못하면 여전히 행복한 삶과는 거리가 멀어지게 된다.

　물론 이 친구가 영어 선생님이라는 꿈을 꾸게 된 데에는 영어를 좋아하는 것 말고도 복합적인 요인이 있었을 것이다. 부모님의 권유, 안정된 직장, 사회적 인식 등등. 때로는 현실적인 상황과 어느 정도 타협이 필요할 때도 있다. 그러나 우리는 제대로 된 꿈을 찾기 위해 이런 '중요한 것처럼 보이는' 것들에서 재빨리 탈피해야 한다. 다행히도 그 친구는 목표를 재설정해 지금은 다시 새로운 목표를 꿈꾸고 있다.

　올바른 판단을 위해서는 객관적인 시각이 필요하다. 우리는 가끔 기억을 본인의 생각이나 가치관에 섞어 왜곡시키곤 하는데, 이런 식으로는 자기가 싫어하는 것을 정확히 파악하기 힘들다. 이에 내가 선택한 방법은 하루 동안 느낀 감정이나 생각을 기록하는 것이다. 글로 적다 보면 본인의 단점까지도 찾아서 극복할 수 있다. 이를 통해 가끔은 상황이 나를 힘들게 하는 것이 아니라 내가 상황을 힘들게 만들었다는 사실을 깨닫기도 한다. 일을 미뤄두었다든가, 전혀 화를 낼 상황이 아니었는데 화를 냈다든가, 당연히 해야 할 일을 안 했다든가 말이다.

　만약 본인의 현재가 불만족스럽다면 어떤 상황을 가장 바꾸고 싶은지 기록을 통해 정확히 파악해야 한다. 본인의 잘못을 애꿎은 직장 탓으로 돌리며 그만두겠다고 떼를 쓰는 것은 그다지 좋은 방법이 아니다. 생각은 쉽게 왜곡되지만, 글은 객관적인 자료로 남기 때문에 본인의 상황에 대해 꽤 정확하게 분석할 수 있다. 손으로 적어도 좋고, 컴퓨터 또는 핸드폰의 메모장에 간단하게 요점만 적어도 좋다. 이는 직장인뿐만 아니라 학생이나 취업준비생, 사업을 하는 사람들 등 모든 분야의 사람들에게 해당되는 내용이다.

학생이나 취업준비생들은 앞으로 인생의 진로를 정하는 데 있어서 싫어하는 상황의 우선순위를 정해야 한다. 학생들에게 어떤 상황에서 일하기 싫은지 적어보라고 하면 대체로 '안정적인 직장이면서 개인의 삶을 존중하고, 급여도 적당히 높았으면 좋겠고, 사회적으로 인정도 받고 무엇보다 일이 너무 안 힘들었으면 좋겠다'라는 식이다. 이런 완벽한 직장은 없다. 그래서 싫어하는 상황의 우선순위를 정하고 그에 맞는 목표를 설정해야 한다.

어차피 한 번에 본인의 꿈을 찾는 사람은 드물다. 사회생활을 안 해 본 사람이 본인이 어떤 상황을 가장 싫어할지 어찌 알겠는가. 차라리 본인의 능력 안에서 최대한 빨리 사회생활을 경험해보는 것이 가장 좋다. 하다못해 아르바이트라도 해보면 도움이 된다. 경제활동을 한다는 것은 학생의 신분과 완전히 다른 삶을 새롭게 시작하는 것이다. 따라서 하루라도 빨리 겪어봐야 앞으로의 인생을 한발 앞서 계획해나갈 수 있다.

사업가의 경우에는 조금 더 복잡하다. '왜 나는 이 사업을 하고 싶은가?' 또는 '왜 사업 아이템을 바꾸고 싶은가?' 등에 대해 깊이 있게 생각해봐야 한다. 이때 단순히 본인이 기록한 글만 보고 따질 것이 아니라 운영 중인 사업과 관련된 모든 데이터를 토대로 연구하고 공부해봐야 한다. 회사에 다니는 사람들은 개인이 시스템을 바꾸기가 사실상 불가능하다. 그래서 자신을 먼저 파악하고 필요할 때에는 이직도 감수해야 한다. 반면 사업가는 본인이 시스템을 재정비할 수 있다. 그래서 아이템이 문제인지, 시스템이 문제인지, 본인의 문제인지 정확한 상황을 파악하는 것이 먼저다. 그 후 본인의 꿈에 맞게 사업을 효율적으로 조정해나가면 된다.

싫어하는 것을 정확하게 파악하는 과정은 100퍼센트 행복한 삶을 살기 위한 것이 아니다. 불행한 삶을 살지 않기 위해 반드시 거쳐야 하는 과정이다. 인생의 방향을 선택하려는 사람들은 이 과정을 통해 시행착오를 획기적으로 줄일 수 있다.

간혹 싫어하던 일을 계속 하다 보니 잘하게 돼서 좋아지는 경우도 있다. 예를 들면 돈 때문에 어쩔 수 없이 하고 있던 일에서 두각을 나타내다가 우연히 다른 업종과 연결되어 새로운 꿈을 찾게 되는 경우도 있다. 돈을 먼저 좇다가 꿈을 찾은, 어떻게 보면 가장 안정적이고 이상적인 케이스다. 하지만 이런 상황을 직접 겪어봤다고 해서 사람들에게 "지금 당장은 싫어도 계속 하다 보면 언젠가 좋아질지도 모릅니다"라고 말하고 싶지는 않다. 그건 너무 잔인하다.

나 자신을
정확히 파악하고 있다

자신이 싫어하는 것을 제대로 파악했다면, 이제 나라는 사람에 대해 정확히 파악해야 한다. 사실 이 문제만 제대로 해결되어도 삶을 살면서 하게 되는 고민의 50퍼센트 이상은 사라진다고 볼 수 있을 만큼 중요한 부분이다. 자신을 파악하기 위해서는 객관적인 시각으로 바라봐야 하는데, 내가 보는 나뿐만 아니라 다른 사람들이 보는 나의 모습까지 파악하는 것이 중요하다.

다른 사람들이 보는 나의 모습을 파악하는 것이 중요한 이유는 크게 두 가지가 있다. 첫 번째, 혼자 생각하는 것에 비해 훨씬 더 많은 관점으로 자신을 바라볼 수 있기 때문이다. 두 번째,

좋아하는 일을 하면서 살기 위해서는 그 일로 돈을 벌 수 있어야 하는데 다른 사람들의 관점이 수익화 과정에 크게 영향을 미치기 때문이다. 물론 자신의 생각이 가장 중요하고, 최종적으로 삶을 결정하는 것도 본인이다. 하지만 항상 명심해야 한다. 우리가 이런 생각들을 해야 하는 가장 궁극적인 이유는 더 이상 불행한 삶을 살지 않기 위해서라는 것을.

평소 자신에 대해 충분히 생각하거나 고민하지 않은 사람들이 객관적으로 자기 자신을 바라보기란 굉장히 힘들다. 그나마 애써 생각해낸 장점이 알고 보면 우물 안 개구리의 자기만족에 불과할 수도 있다.

현실적으로 생각해보자. 좋아하는 일을 평생의 업으로 삼으려면 경제적인 수입이 있어야 한다. 그러기 위해서는 자기 스스로만 만족해서 될 것이 아니라 다른 사람들의 눈에도 그 장점이 부각되어야 한다.

오른쪽 페이지의 도표에 단편적인 예를 들어보았다. 좋아하는 것과 싫어하는 것, 장점과 단점, 과거에 성공했던 프로젝트나 생각만 해보고 시도조차 못했던 일 등을 체계적으로 나누어서 최대한 많이 적어보는 것이 중요하다. 간단한 예시만으로도 왜 다른 사람들의 눈에 비친 나의 모습을 고려해야 하는지 충분히 알 수 있을 것이다.

내가 보는 나는 운동에 꽤 많이 치중되어 있고, 희망 직업에

내가 보는 나	다른 사람들이 보는 나
1. 운동신경이 좋다. 2. 테니스를 잘 친다. 3. 레저 스포츠를 잘한다. 4. 책을 많이 읽는다. 5. 실행력이 좋다. 6. 말을 잘한다.	1. 대부분의 취미가 운동이다. 2. 말에 설득력이 있다. 3. 열정이 금방 식는다. 4. 아는 지식이 많다. 5. 실행력이 좋다. 6. SNS를 잘한다.
희망 직업	추천 직업
1. 테니스 전문가 2. 레저 스포츠 강사 3. 동기 부여 강사	1. 동기 부여 강사 2. 퍼스널 트레이너 3. 바이럴 마케팅 전문가

도 그 사실이 드러난다. 반면 다른 사람들이 보는 나의 모습에는 운동보다 다른 장점들이 많다. '말에 설득력이 있다', 'SNS를 잘한다' 등 새로운 관점의 장점뿐만 아니라 '열정이 금방 식는다'라는 미처 몰랐던 단점까지 다시 한 번 깨우치게 해준다. 잊지 말자. 타인의 눈은 나를 더욱 객관적으로 보도록 도와준다.

특히 희망 직업과 추천 직업은 가장 중요한 부분이다. 동기부여 강사와 같이 겹치는 직업군이 있다면 더할 나위 없이 좋겠지만, 꼭 그렇지 않아도 상관없다. 다른 사람들의 추천 직업은 훨씬 더 넓게 생각할 수 있는 기회를 주기 때문이다. 이처럼 나에 대한 다른 사람들의 생각을 듣는 것은 꿈을 찾는 데 있어서 선택의 폭을 넓혀준다.

왜 자신에 대해 정확히 파악해야 하는지 알았으니 이제 나 자신에 대해 생각해볼 차례다. 갑자기 생각해내려면 머리에 쥐가 날지도 모른다.

'내가 뭘 잘했더라? 어떤 걸 싫어하지? 과거에 뭔가를 성취했던 적이 있던가?'

만약 좋아하고 싫어하는 것을 생각할 때 최근 갔던 맛집이나 여행지가 떠오른다면 다시 한 번 자신에게 묻기 바란다.

'이건 모든 사람들이 다 좋아하는 건 아닐까?'

모든 사람들이 좋아하는 분야를 정말 직업으로 삼고 싶다면 적어도 그 분야에 미쳤다는 소리를 여러 번 들어봤어야 한다. 그저 친구들보다 조금 더 관심이 있는 정도로는 어림도 없다. 만약 본인이 〈화성인 바이러스〉 같은 TV 프로그램에 제보를 받아 출연할 정도가 된다면 수익화가 가능하므로 직업으로 삼아도 좋다. 실제로 그런 프로그램에 출연했다가 전문성을 인정받고 관련 직종에 스카우트되는 경우도 꽤 있다.

도저히 생각이 안 난다면 최후의 방법으로 과거의 기억을 끄집어내는 방법이 있다. 학창시절에는 대부분 학업에 집중하다 보니(때론 다른 이유로) 그 외의 취미나 본인의 관심사에 대해 깊게 생각해볼 시간도, 기회도 없었을 것이다. 그런데 의외로 어렸을 적 관심사들이 진정한 나의 장점이 될 수도 있다. 또한 어릴 때에는 '이런 걸로 어떻게 돈을 벌지?'라고 쉽게 포기했던 꿈들이 이제는 수익화가 가능해졌을지도 모른다. 예를 들어 어렸을 적부터 책을 좋아했던 것, 친구들의 상담을 도맡아 했던 것, 앞에 나가 발표를 즐겨하던 것, 친구들에게 요리를 자주 해주던 것 등, 이런 사소해 보였던 일상들이 어쩌면 가장 중요한 꿈의 재료가 될지도 모른다.

자신의 장점을 어떻게 키워가느냐에 따라 그 재료들은 훌륭한 요리로 탄생하기도 한다. 단순히 책을 좋아하던 소년이 독서법을 교육하는 리딩 컨설턴트가 될 수도 있고, 친구들과 수다 떠는 것을 좋아하는 소녀가 청소년전문 심리상담사가 될지도 모른다. 그렇기 때문에 자신에 대해 깊숙이 고민하고 본인의 장단점에 대해 객관적으로 알아두는 것은 굉장히 중요하다.

가끔 지인들과 대화를 나누다 보면 "내가 진짜 그래?"라고 반문하는 경우가 있다. 훌륭한 장점이라는 재료들을 가지고 있으면서도 어떤 음식을 만들 수 있는지 모르는 셈이다. 어쩌면 우리는 지금 이 순간에도 아까운 시간들을 허무하게 흘려보내고 있을지 모른다.

본인에 대해 알아보는 시간을 어느 정도 가졌다면 이번에는 주변 지인들에게 도움을 청하라. 가족들, 오랫동안 만나온 친구, 애인, 알게 된 지 얼마 안 된 지인 등등 최대한 다양한 사람들에게 도움을 청해야 당연히 더 많은 관점에서 나를 돌아볼 수 있다.

이때 한 가지 주의할 점은, 성의 있는 답변을 위해 우리도 성의를 보여야 한다는 점이다. 뭔가를 부탁할 때에는 항상 선물을 준비하라. 공짜로 뭔가를 바라는 사람은 딱 그 정도의 정보만 얻게 된다.

여러 사람들의 생각을 듣다 보면 자신에 대한 확신이 생긴다. 그리고 확신이 있으면 무의식적으로 자신감이 생긴다. 확신에 가득 찬 사람은 어떤 일도 해낼 수 있고, 자기 파악이 잘된 사람은 본인의 목표에 집중할 수 있다.

사람은 완벽할 수 없고 많은 단점들을 지니고 있지만, 전부 다 극복할 필요는 없다. 단점 중에서도 본인의 장점을 더 부각시키기 위해 꼭 필요한 단점들만 보완하면 된다. 이렇게 하면 시간과 돈을 효율적으로 활용할 수 있다.

사람들은 무엇이든 혼자서 다 해내려고 하는 경향이 있는데 꿈을 이루기 위해서는 송곳 같은 날카로움이 필요하다. 어차피 한 분야의 대가가 되면 주변 분야들에 대한 영향력도 자연스레 커지게 된다. 자신이 어떤 일을 잘하고, 어떤 일을 못하는지에 대한 정확한 데이터를 지니고 있으면 생각보다 모든 일이 간단해진다.

끊임없이 경험하고,
경험하고, 또 경험한다

우리는 삶 속에서 새로운 경험들을 하면서 끊임없이 가치관이 바뀌고, 생각이 바뀐다. 그래서 최대한 많은 경험을 해보는 것은 인간이 살아가는 동안 평생 해내야 할 과제다. 다양한 경험을 하는 방법은 굉장히 간단하다. '당장 해보고 싶은 것들'을 한 장의 종이 위에 몰아서 적고 천천히 살펴보자. 그리고 우선순위를 정하면 된다.

여기서 많은 사람들이 실수하는 부분은, 본인이 생각하기에 실행하기 쉽고 간단한 순서대로 우선순위를 설정한다는 것이다. 그런 식으로 하면 우선순위를 정하는 의미가 없다. 우선순위에 대한 기준은 철저히 이루고 싶은 욕망이 강한 순서에 따라

정해야 한다.

우선순위를 정했다면 생각 말고 곧바로 행동에 옮겨야 한다. 사람은 경험해보지 않은 것을 처음 시작할 때 본능적으로 부정적인 생각부터 하게 되어 있다. 따라서 가장 우선순위에 있는 일에 대해 간접적으로 경험할 수단을 먼저 정해보자. 예를 들면 인터넷 검색으로 관련 블로그, 홈페이지, 카페, 유튜브 동영상 등을 보면서 간단하게 어떤 느낌인지 맥을 잡는 것이다. 인터넷에서는 모두에게 공개된 자료들만 볼 수 있기 때문에 고급 정보를 얻을 수는 없지만, 맥을 잡는 데에는 그만큼 효율적인 방법이 없다.

그다음으로는 좀 더 정리된 자료를 보기 위해 관련 서적을 산다. 책에서는 대부분의 정보를 다 얻을 수 있다. 이미 그 분야에서 성공한 사람들의 스토리를 보면 어떤 식으로 해나가야 할지, 어느 정도로 노력해야 할지 감이 온다. 게다가 이론적인 부분까지 공부할 수 있고, 때로는 단계별로 따라 할 수 있도록 친절하게 교육까지 해준다. 책의 가장 큰 장점은 마음만 먹으면 저자를 직접 만날 수 있다는 것이다. 요즘 나오는 대부분의 책들은 저자의 사업이나 강의 프로그램들을 마케팅 하기 위한 방편인 경우가 많기 때문이다. 그러므로 본인이 우선순위에 둔 분야라면 꼭 그 마케팅에 넘어가기 바란다.

요리를 하고 싶다면 먼저 음식을 먹어봐야 하고, 사람들을 돕는 사람이 되고 싶다면 먼저 도움을 받아보는 경험을 해봐야 한다. 틀에 갇혀 있는 사람들은 무언가를 배우려면 무조건 학원에 가야 하는 줄 안다. 하지만 이제 책상 앞에 앉아 문제집만 보며 공부하는 시대는 지났다. 직접 두 발로 뛰고, 두 눈으로 보고, 온몸으로 체감하는 것이야말로 진정한 학습이다. 여기서 말하는 다양한 경험이란 직접 부딪혀보라는 것이다. 인터넷 검색을 하고 관련 서적들을 읽었다면 집에서 빈둥대지 말고 당장 집 밖으로 나가길 바란다.

수중에 돈이 없다면 적금통장이라도 깨라. 돈을 왜 모으는지 이유를 잘 생각해봐야 한다. 행복은 적금이 보장해주는 것이 아니다. 차곡차곡 저축하며 미뤄뒀다가 몇 년 후에 행복해지는 것은 의미가 없다. 저축은 하고 싶은 일을 위해 목표를 반드시 정해놓고 해야 한다.

다양한 경험을 해야 하는 이유는 단순히 행복하기 위함도 있지만, 그 외에도 여러 가지 이유들이 있다.

첫 번째로, "성공도 운이다"라는 말을 들어본 적이 있을 것이다. 나 역시 이 말에 동의하는 편인데, 알고 보면 숨은 뜻이 있다. 성공하기 위해서는 운이 오기를 기다리기만 할 것이 아니라 '운을 잡기 위한 능력'을 키워야 한다는 의미를 담고 있다. 이 능력은 항상 자존감과 비례한다. 자존감이 높고 긍정적인 생각을 가진 사람들은 무슨 일을 하더라도 실행력이 좋다. 실행력이 워낙 좋다 보니 다른 사람들이 볼 때 무모할 정도로 기회가 아닌 것들까지 다 잡아버린다. '보리쌀 게임'과 같은 원리다. 쌀만 잡으려고 하면 오히려 잡기가 힘들지만 모든 주먹을 다 잡겠다는 각오로 하면 쌀을 잡을 확률이 상대적으로 높아지는 것이다.

두 번째 이유는 회사에서 찾을 수 있다. 똑같은 업무를 일이 많아 바쁜 사람과 일이 없어 놀고 있는 사람에게 동시에 시키면 오히려 바쁜 사람이 더 빨리 끝내는 경우가 많다. 애초에 일이 많은 사람이 또 하나의 일을 추가로 시작하기는 쉽다. 또한 많은 경험을 통해 어떻게 하면 업무를 효율적으로 할 수 있는지 잘 안다. 하지만 일이 없는 사람들은 항상 시작하는 것 자체부터가 일이다. 그래서 더 오래 걸리고 비효율적이다.

세 번째 이유는 꿈을 이루는 데 가장 도움이 되는 능력이 '매력'이기 때문이다. 돈을 벌기 위해서나 좋은 사람들을 내 편으로 만들기 위해서는 매력이 있어야 한다. 그런데 주변에서 매력 있는 사람들을 살펴보면 항상 이야깃거리가 풍부하고 다양한 경험담이 많다. 그런 사람들에게서는 뭐라도 배울 점이 있다. 주변에 사람들이 많아진다는 것은 영향력의 범위가 점점 넓어지는 것과 같다. 다양한 사람들을 지인들과는 또 다른 관점에서 계속 접할 수 있다.

네 번째 이유는 아는 만큼 보이기 때문이다. 일전에 친한 동생 재승이는 자신의 꿈이 '사람들의 지친 마음을 달래주는 심리

상담 전문가'라고 말했다. 좋은 꿈이고 진심으로 응원해주고 싶었지만, 이 꿈을 갖게 된 이유가 너무나 안타까웠다.

"형, 나는 사람들을 돕는 일을 하고 싶은데 내가 아는 직업 중에는 심리상담사밖에 없어."

물론 심리상담사라는 꿈은 너무나 훌륭하다. 게다가 본인의 신념까지 있으니 더더욱 좋은 꿈이다. 하지만 나는 좀 더 많은 선택권을 줄 수 있도록 도와주고 싶었다. 오랜 시간 이야기를 나눈 결과, 재승이는 가장 먼저 영상편집 분야에 대해 배워보기로 했다. 심리상담과는 전혀 다른 분야의 도전이었다. 약 두 달 정도 열심히 영상 관련 학원을 다니더니 이번에는 새로운 꿈이 생겼다고 말했다.

"형, 나 사람들에게 열정을 심어주는 영상을 만들고 싶어."

삶을 대하는 방식에 정석은 없다. 교과서처럼 획일화된 이론이나 공식이 없으니 당연히 획일화된 교육을 할 수도 없다. 이처럼 꿈을 찾을 때에도 정답은 없다. 심지어 평생 꿈을 찾지 못하고 죽는 사람도 많지 않은가. 그러나 꿈이 없는 사람보다 꿈이 있는 사람이 행복하다는 것은 불변의 진리다. 그렇기 때문에 꿈을 찾는 사람들의 삶은 미치도록 힘들면서도 설레고, 흥미진진하다.

다양한 경험을 해보는 것은 꿈을 찾아가는 과정 동안 그 사람을 성장시키면서 삶을 풍요롭고 행복하게 만들어준다. 다만 이러한 과정에는 늘 따라다니는 것이 있다. 바로 주변 사람들의 영향이다. 나의 꿈이 주변 사람들의 영향에 따라 커질 수도, 작아질 수도 있기 때문이다.

꿈이 큰 사람들을 대하다 보면 그 사람 주변 사람들이 큰일을 하는 경우가 많다. 반대로 아무 목표가 없고 부정적인 사람들의 주변을 살펴보면 대부분 그와 비슷한 사람들이 많다. 그런 사람들이 모이면 전부 다 부정적으로 말하니 애초에 새로운 것을 시도조차 하지 못한다. 행복한 삶을 위해서, 꿈을 이루기 위해서 다양한 경험을 하라. 그리고 그 다양한 경험을 응원하는 사람들을 만나라.

한눈팔지 않고
지속한다

많은 사람들이 꿈을 이루지 못하고 중도에 포기하는 이유는 지속하는 습관이 없기 때문이다. 그리고 지속하지 못하는 가장 큰 이유는 정해진 끝, 기한이 없어서다. 기한이 없는 상황은 사람을 피 말려 죽인다. 기한이 없으면 쉽게 나태해져서 일을 미루거나, 반대로 치열하게 노력하는 사람들은 열심히 하는데도 성과가 빨리 나오지 않는다며 절망한다. 원래 모르는 길은 더 멀게 느껴지지 않던가. 그래서 사람들의 꿈에 대한 노력의 기한을 정해주기 위해 성공학 전문가들이 주장하는 것이 바로 '1만 시간의 법칙'이다. 물론 이 법칙의 효과에 대해서는 나도 100퍼센트 확신할 수 있다.

하루 서너 시간씩 10년 동안 하루도 빠지지 않고 꾸준히만 하면 1만 시간이 되는데, 이 정도로 노력해서 그 분야에서 성공하지 못하는 사람은 아무도 없다. 복잡한 계산이 아니므로 한번 셈을 해보자.

고등학교에서 3년 동안 하루 10시간씩 공부를 하면 10시간×365일×3년=10,950시간이고, 군대에 가서 자는 시간과 휴가를 제외하면 16시간×한 달 30일×22개월=10,560시간이다. 이제 조금 감이 오는가? 1만 시간의 법칙을 이용하면 어떤 일을 '하루 종일', '하루도 빠지지 않고' 2~3년 동안 지속했을 때 꿈을 이룰 수 있다.

군대, 입시 준비와 꿈을 위한 노력의 차이는 강제성밖에 없다. 고등학교 생활과 군 생활은 가정적으로, 사회적으로, 법적으로 강제성을 띠기 때문에 억지로라도 버텨내야 하는 분위기다. 사회 분위기가 추구하는 방식으로 하고 있음에도 사람을 미치게 하는 것이 1만 시간이다.

학교를 졸업하고, 군대에서 제대하고 사회인이 되면 안정적인 직장을 다녀야 한다는 사회적 압박이 있다. 안정적인 직장을 버리고 꿈을 찾아다니는 사람은 항상 비난과 비판에 쉽게 노출된다. 이런 사람들은 사회적 압박, 비난과 비판 속에서 1만 시간을 채워나가야 한다. 게다가 강압성도 없으니 쉽게 포기할 수 있다. 오히려 포기하면 여러모로 편해지는 상황이다.

입시와 군대의 사례를 비교하며 설명하는 이유는 많은 사람들이 꿈에 대해 큰 오해를 하고 있다는 사실을 이야기하기 위함이다. 사람들은 보통 '자신에게 딱 맞는 꿈'만 찾게 되면 꿈을 찾아가는 과정은 항상 행복하고 즐거운 일로만 가득해야 한다고 생각한다. 모든 과정이 설레고 신이 나야 한다고 말이다. 하지만 입시보다, 군대보다 더 힘든 것이 꿈을 이루는 과정이다.

지금까지 이 책을 졸지 않고 읽었다면 방금 전 '끊임없이 경험하고, 경험하고, 또 경험한다'의 뒷부분에서 이런 글을 봤을 것이다.

> '그렇기 때문에 꿈을 찾는 사람들의 삶은 미치도록 힘들면서도 설레고, 흥미진진하다. 다양한 경험을 해보는 것은 꿈을 찾아가는 과정 동안 사람을 성장시키면서 삶을 풍요롭고 행복하게 만들어준다.'

우리는 항상 보고 싶은 것만 보고, 기억하고 싶은 것만 기억한다. 아마 여러분 중에 '미치도록 힘들면서도, 사람을 성장시키면서'라는 말보다는 '설레고 흥미진진하다, 풍요롭고 행복하게 만들어준다'는 내용을 기억하는 사람이 더 많을 것이다. 여러분이 꿈을 보는 시각도 이와 크게 다르지 않다. 좋은 결과만 기대하면서 그 고통스러운 과정에 대해서는 유심히 생각하지 않는 것이다.

물론 꿈을 향해 가는 것은 굉장히 즐거운 일이다. 하지만 얼마나 좋은 꿈이든 간에, 어느 순간에는 무조건 고통스럽고 힘든 과정이 있게 마련이다. 그럼 어차피 고통스러울 바에는 지금이라도 편하게 사는 게 좋지 않겠느냐고 물어올지도 모르겠다. 힘든 노력 없이, 그냥 흘러가는 대로 말이다.

그 힘든 고통을 굳이 감수해야 하는 이유가 있다. 우리에게는 한 번뿐인 인생을 멋지게 살아야 할 의무가 있기 때문이다. 우리는 누구나 스스로를 소중하게 생각해야 한다. 이 사실을 절대 부정해서는 안 된다. "나는 그냥 흘러가는 대로 살 거야"라는 말은, 인간으로서의 삶을 포기하겠다는 말과 같다. 지금 당장 편하기 위해서 아무 변화 없이, 아무 고통 없이 살다가는 평생 퇴보하며 살게 된다. 하루 종일 일하고 집에 와서 피곤하다며 눕는 사람은, 평생을 돈 때문에 하루 종일 일만 하면서 살 것이다. 반대로 당장의 고통을 이겨내며 꿈을 향한 노력을 지속하는 사람은, 어느 순간 그 고통이 설렘이 되고 일과 꿈은 동의어가 될 것이다.

왜 지속하는 습관을 들여야 하는지에 대해 충분히 설명했으니, 이제 어떻게 하면 오래 지속할 수 있을지에 대해 알아보도록 하자. 이 방법들은 성공한 사람들의 사례를 직접 연구한 내용들이므로 신뢰해도 좋다.

첫 번째, 꼭 이루고 싶은 꿈을 최대한 크게 적어서 잘 보이는 곳에 붙여놓아라. 그 꿈을 상징하는 사진을 걸어두면 더더욱 좋다. 꿈을 시각화하는 방법은 시대를 막론하고 성공한 사람들의 가장 큰 비결로 꼽힌다. 시각화하는 것만으로도 내 꿈의 방향을 제시해주는 내비게이션 역할을 톡톡히 한다.

꿈을 시각화하는 작업을 끝냈다면 방법은 간단하다. 매일, 하루도 빠짐없이 최소 30분 이상 그 꿈이 머릿속에서 떠나지 않게 하는 행동을 하라. 어떤 것이라도 좋다. 이 일은 어떤 평계도 통하지 않는 작업이어야 한다. 몸이 아픈 날도 할 수 있어야 한다. 하루에 30분씩도 매일 지속하지 못할 각오라면 집에서 TV나 보는 게 낫다. 나는 여러 가지 방법을 시도해봤는데, 그중에 백백드림(꿈을 100일 동안 100번씩 손으로 쓰는 것)을 가장 추천한다. 추가로 백백드림을 끝낸 후 액자로 만들어 벽에 걸어놓으면 의지가 흔들릴 때마다 초심으로 돌릴 수 있는 원동력이 된다.

두 번째, 자신에게 성취감과 뿌듯함을 줄 만한 것들이 필요하다. 이것은 항상 행동을 지속시키는 원동력이 된다. 한 번에 처음부터 끝까지 도전하는 것은 누구에게나 무리가 간다. 뭔가를 지속하라고 해놓고 기한을 3년, 5년, 10년 이상으로 잡는다면 누가 그 일을 하겠는가? 최종 목표 사이에는 중간 목표, 초도 목표가 필요하다. 마라톤에 도전하는 사람들도 3km, 5km, 10km, 하프, 풀코스 순으로 한 단계씩 밟아 올라간다. 무슨 일을 하든 달성 목표를 쪼개서 정하라. 처음에는 일주일, 그다음은 한 달, 100일, 1년 식으로 말이다.

마지막으로 가장 좋은 방법은 같은 꿈을 꾸는 사람들과 최대한 자주 만나는 것이다. 사람들은 누구나 자신의 고민이 세상에서 가장 어렵고 무거우며 복잡하다고 생각한다. 내가 가장 아프고 가장 서럽다고 생각한다. 하지만 같은 꿈을 꾸는 사람들과 소통을 하다 보면 같은 고민으로 웃고 우는 모습에 동감하고 감동을 받으며 위로를 얻게 된다. 사람의 고민을 가장 잘 해결해 줄 수 있는 것은 결국 사람이다. 꿈을 꾼다는 것은 대단히 위대하고 행복한 일이지만 함께하는 사람이 없다면 굉장히 고통스럽고 힘든 일이 되기도 한다.

워낙 특이한 꿈이라 같은 꿈을 꾸는 사람이 없다면 다른 특이한 꿈을 꾸는 사람들과 만나라. 모임에는 엄청난 힘의 시너지가 있다. 혼자서는 죽을 때까지 집 한 채도 짓기 어렵지만, 사람의 힘이 모이면 100층짜리 빌딩도 지을 수 있다. 또 화성에 우주선도 보낼 수 있다.

모임에 뛰어난 사람이 있다면 배울 것도 있고, 동기 부여도 된다. 또 비슷한 수준의 사람이 있다면 선의의 경쟁자가 되어 나태해질 때마다 서로 자극이 될 것이다. 조금 부족한 사람이 있다면 도와주면서 자존감도 높이고, 배웠던 것에 대한 복습도 할 수 있다. 그러면서 꿈을 위해 사는 사람들의 강한 에너지를 받을 수 있다.

꿈은 정상에 오를 때까지 끊임없이 걸어가야 하는 오르막길이다. 천천히 걸으면 조금씩이라도 올라가지지만, 한 번 쉬기 시작하면 다시 출발할 마음을 먹기가 훨씬 어렵다. 굳이 뛸 필요는 없다. 쉬지 않고 걷기만 해도 충분하다. 지속하는 힘은 우리가 꿈을 찾는 동시에 꿈을 이룰 수 있도록 도와줄 것이다.

눈앞의 돈보다
돈 버는 방법을 중시한다

내가 아무리 좋아하고 잘해도 수입이 없으면 절대 그 일을 오래 지속할 수 없다. 특히 우리나라 같은 자본주의국가에서 돈은 외면할 수 없는 절대 가치를 지닌다. 돈이 없으면 그야말로 먹고살기 힘들어지는 상황이 된다. 내가 몇 년 동안 꿈을 찾아다닐 수 있었던 것은 많지는 않아도 꾸준히 월급을 받았기 때문이다. 아무리 꿈이 나를 행복하게 해준다지만, 적어도 잠은 실내에서 자고 라면이라도 먹어야 사람이 살지 않겠는가.

매일같이 출퇴근하고 야근, 회식에 지쳐 있을 때마다 나는 대학에 다니는 또래 친구들이 너무나 부러웠다. 친구들에게는 마음만 먹으면 하루 종일 마음껏 공부할 수 있고, 놀 수도 있는 자유가 있었다. 물론 이 역시 나 혼자만의 생각이었을지도 모른다. 친구들은 일찍 직장생활을 시작해서 월급을 받는 나를 되레 부러워했으니 말이다. 사실 당시에는 말도 안 되는 소리라고 생각했다. 하지만 나는 그토록 싫었던 군대가 지금에 와서는 고맙기도 하다. 절실하게 벗어나고 싶었기 때문에 최선을 다해 노력할 수 있었고, 그 노력에 들어갔던 돈들을 군대에서 주는 월급으로 충당할 수 있었기 때문이다. 만약 다른 친구들과 같이 대학교에 가서 일반 직장에 취업을 했다면, 더 이상 벗어날 수 없는 덫에 빠진 후에야 직장생활이 지독히도 안 맞는다는 사실을 깨달았을 것이다. 생각만 해도 끔찍한 일이다.

돈 버는 방법을 익히는 궁극적인 목표는 나의 일과 꿈이 동의어가 되도록 만들기 위해서다. 꿈 자체가 곧 경제활동이 되는 것이다. 궁극적인 목표를 위해 당장 급한 것은 꿈을 찾고 이루어나가는 과정이 안정적으로 지속되도록 최소한의 현금 흐름을 만드는 것이다. 이 과정 또한 꿈을 찾는 과정 중 필수적인 단계다.

집에 돈이 많더라도 절대 가족들의 지원을 받아서는 안 된다. 누구의 말에도 흔들리지 않고, 평생 써먹을 경제관념을 익히려면 반드시 스스로 돈을 벌 줄 알아야 한다. 이것은 매우 중요하다. 가장 좋은 방법은 꿈과 관련된 일을 하며 현금 흐름을 만드는 것이며, 현실이 그렇지 못하다면 시간을 효율적으로 사용해야 한다.

친구 중 한 명이 칵테일바(bar)를 창업하고 싶은데 현재 모은 돈이 하나도 없다. 이런 경우에는 번듯한 회사에 정직원으로 취업해서 돈을 많이 버는 것보다 장사가 잘되는 유명 칵테일바에서 아르바이트를 하는 편이 더 낫다. 몇몇 사람들은 "아르바이트를 해서 뭘 배우겠어. 차라리 돈이나 빨리 벌어"라고 말할지도 모른다. 하지만 직접 매장에서 아르바이트를 하면 돈은 훨씬 덜 벌지언정(실제로는 그렇지도 않다.) 노력 여하에 따라 실제 운영에 대한 노하우를 배울 수 있다. 막연한 꿈과 현실은 엄연히 다를 수 있기 때문에 현장에서 일해보는 과정은 어쩌면 필수적이다.

현장에서 일을 하다 보면 말로 열 번 듣는 것보다 한 번의 경험이 훨씬 더 중요하다는 것을 깨닫는 순간이 반드시 온다. 고객으로 가서 칵테일을 사서 마시는 것과 직접 일을 해보는 것은 완전히 다르다. 일을 직접 하다 보면 생각했던 것과 괴리감이 느껴져서 꿈이 바뀌게 될 수도 있다. 또한 배운다는 마음가짐으로 아르바이트를 하다 보면 사장의 눈에 띌 수밖에 없다. 우리는 돈을 버는 것 자체에만 초점을 맞추지만, 결국은 사람을 버는 것이 곧 돈을 버는 것이라는 사실을 절대 잊어서는 안 된다. 사장과의 특별한 인연이 만들어지면 매니저로 승진할 수도 있고, 새로운 지점을 낼 때 책임지고 맡아달라고 할 수도 있다. 이런 기회들은 절대 월급만 많이 주는 회사에서는 얻을 수 없다.

혹시 나처럼 군인이라서 의무 복무 기간이 남아 있거나 부모님의 반대 등 각종 이유로 다니던 회사를 절대 그만둘 수 없는 상황이라면 어쩔 수 없다. 또 추가적인 영리 행위가 불가능한 공무원 같은 경우라면 퇴직하자마자 수익을 낼 수 있도록 미리 준비해놓거나 최소 1년 정도 생계를 유지할 수 있는 돈을 저축해놔야 한다.

부업이 가능한 회사를 다닌다면 몸이 부서지는 한이 있더라도 시간 관리를 하며 회사 이외의 현금 흐름을 만들어놓아야 한다. 그리고 어느 정도 생계가 유지될 만큼 돈이 모아졌을 때 퇴사를 하면 된다. 만약 사업이 아닌 새로운 회사로의 이직을 원한다면 시간을 쪼개서 요구에 맞는 스펙을 쌓아야 한다.

말로 하면 간단해 보이지만 돈 버는 방법을 익히는 과정은 가장 부담이 되고 힘든 것이 사실이다. 나 또한 처음에는 꿈을 어떻게 수익화시킬지 전혀 감이 오지 않았다. 천만 원이 넘는 강의를 듣게 된 것도 수익화에 대한 방법을 배우기 위해서였다. 대신 이 방법만 확실히 익혀둔다면 우리는 평생 돈의 노예처럼 휘둘리며 살아가지 않아도 된다.

나의 꿈은 '꿈이 없어서 불행한 사람들과, 현실과 꿈이 연계되지 않아 미래가 기대되지 않는 사람들에게 도움을 주는 것'이다. 대부분의 꿈들은 사실 이런 식으로 두루뭉술하다. "얼마를 벌겠다!", "매장을 몇 개로 늘리겠다!" 등의 구체적인 수치들이 나오는 것은 꿈이라기보다는 목표라고 하는 게 맞다.

꿈을 수익화시키는 방법은 각각의 사람, 각각의 상황마다 다르기 때문에 정해진 길이 없다. 각자 본인의 상황에 맞춰 개발해나가야 한다. 그 모든 상황에 대한 조언을 이 책에서 제시해줄 수는 없다. 가장 좋은 방법은 먼저 성공한 사람들에게 조언을 구하는 것이다.

많은 사람들이 수익화 단계에서 꿈을 포기한다. '역시 이 일로 돈 벌기는 힘들겠지, 그냥 다니던 직장이나 계속 다니자'라고 생각하는 것이다. 하지만 이 사실을 기억하자. 처음에는 똑같은 곳에서 일을 시작한 사람들도 어떤 관점을 가지고 업무를 보느냐에 따라 서로의 미래가 달라진다. 돈의 노예가 되지 않기 위해서는 절대 취업이 최종 목표가 되어서는 안 된다.

"여기서 최대한 빨리 업무를 배워서 내 꿈을 이루기 위한 재료로 써야지."

"최대한 오래 잘리지 않고 버티려면 열심히 일해야지."

당신은 어떤 마음가짐을 가지고 살고 있는가? 전자의 경우 지금 일하는 직장이 최종 목표가 아니기 때문에 최대한 빨리 업무를 습득하고, 꿈을 이루기 위해 성장해나갈 것이다. 반면 후자의 경우에는 머지않아 어떤 회사에든 꼭 있는 '눈이 흐리멍덩한' 직장상사처럼 되어 있을 것이다.

돈 버는 방법을 고민해야 하는 것은 당장 사업을 하는 사람들 뿐만이 아니다. 세상 모든 사람들이 삶의 마음가짐을 달리하기 위해 필요한 과정이다. 평생 언제 잘릴지 걱정하며 버티는 삶을 살고 싶은가, 아니면 성장의 기쁨을 누리며 살아갈 것인가? 당신이 돈의 노예가 되지 않고 꿈을 꾸며 삶을 풍요롭게 가꿔가길 진심으로 바란다.

목표를 세분화하고
'하루도 빠짐없이' 수행한다

우리가 무언가를 할 때 무의식적으로 가장 먼저 생각하는 것이 있다. '재미있는 것인가, 힘들고 지루한 것인가?'에 대한 선택이다. 재미없는 것을 하기 위해서는 기본적으로 재미있는 것을 할 때보다 큰 보상이 있어야 한다. 반면 재미있는 것을 하는 데에는 이유가 필요하지 않다. 내 꿈은 '사람들이 꿈을 찾게 도와주는 것'이다. 그래서 사람들이 꿈을 향해 가는 여정을 재미있게 느끼려면 어떻게 해야 하는지 고민해보기 시작했다.

'사람들은 어떤 것을 재미있다고 느끼고, 어떤 것을 재미없다고 느낄까?'

사람의 기본적인 본능은 어릴 때 가장 도드라지게 나타난다.

그래서 어린 학생들이 온라인게임에 왜 그렇게 중독되는지 분석해보았다. 그 결과 가장 큰 이유는 해야 할 것과 그에 대한 보상이 명확하기 때문인 것으로 나타났다. 게임을 할 때에는 각각의 퀘스트를 수행할 때마다 어떤 보상을 받을 수 있는지 알고, 몬스터 몇 마리를 더 잡아야 레벨 업이 되는지 정확히 알 수 있다. 레벨 업을 하면 더 좋은 기술과 아이템을 착용할 수 있다는 사실도 안다. 경험치를 쌓기 위해 지겹도록 몬스터를 잡는 것은 사실 그렇게 재미있는 과정이 아니다. 그저 직장인들이 월급을 받기 위해 일하는 것처럼 레벨 업이라는 부수적인 보상을 받기 위해 즐기면서 하는 것뿐이다.

그렇다면 게임과 별반 다를 바 없는 우리의 삶은 왜 이리도 지루하고 힘들까? 육체적으로 고된 일을 하는 사람들은 어쩌면 '게임은 앉아서 컴퓨터로 하는 거니까 안 힘들고 재밌는 거지!'라고 말할지도 모르겠다. 그러나 하루 종일 컴퓨터로 행정 업무를 하는 많은 직장인들을 만나본 결과 현실은 전혀 그렇지 않았다. 오히려 몸으로 때우는 일을 하고 싶다고 할 정도였다. 결론적으로 실제 삶과 게임의 가장 큰 차이는 딱 세 가지로 추릴 수 있다.

첫 번째, 정확한 보상의 차이다. 인생이라는 게임에서는 아무리 열심히 노력해도 좋은 결과가 온다는 확신이 없다. 오죽하면 '운칠기삼(모든 일의 성패는 운에 달려 있지 노력에 달려 있는 것이 아니다.)'이라는 말이 생겼을 정도다. 확신이 없으니 조금만 힘들어도 쉽게 포기하게 된다. '어차피 이렇게 해도 안 될 사람은 안 돼'라고 자기합리화를 하면서.

두 번째, 자발적인 실행의 차이다. 게임을 안 한다고 뭐라고 하는 사람도, 몬스터를 잡지 않는다고 열심히 잡으라고 혼내는 사람도 없다. 결국 게임은 본인이 하고 싶어서 한다는 말이다. 반면 회사를 다니고 싶어서 다니는 사람은 거의 없다고 봐도 무방하다. 현대사회에서 백수는 범죄자 이상의 취급을 받고, 출근해서 일을 못하면 무능하다는 낙인이 찍힌다. 잔소리와 지적은 당연한 일상이다. 그래서 대부분의 직장인들은 '먹고살려고 일하지 정말 하고 싶어서 하는 사람이 어디 있냐, 로또만 당첨되면 당장이라도 사표 던지고 나올 거다'라는 뚜렷한 신념을 가지고 산다. 일이 즐거움이나 낙으로 여겨지는 사람이 거의 없다는 말이다.

세 번째, 업무 강도의 차이다. 누구나 자신의 능력 이상을 해내려고 하면 머리가 아프거나 몸이 고되기 마련이다. 처음 회사에 들어가서 주어지는 업무들을 보면 '이걸 내가 어떻게 하지?'라고 생각되는 것들이 참 많다. 모르는 것을 상사들에게 물어보면 친절하게 알려주기보다는 알아서 공부하라고 하거나 혼내면서 가르치기 일쑤다. 반면 게임에서는 각 레벨에 맞는 몬스터가 있고, 우리는 그것들만 잡으면 된다. 머리 아플 일이 없으니 시간이 오래 걸리더라도 오히려 재미를 느끼게 된다.

게임과 인생의 차이점을 알았으니 이제 우리는 꿈을 이루어 가는 과정과 힘든 노력들을 재미있게 만들기만 하면 된다. 절대 불가능해 보이지만 의외로 단순한 해답이 여기 있다. 바로 본인의 인생을 게임처럼 만들면 된다. 그러기 위해서는 목표를 세분화해야 한다. 인생 계획을 세분화하며 꿈을 이루어가는 계획을 짜는 것이다.

인생의 목표를 제대로 계획하고, 그에 따라 해야 할 일들을 제대로 세분화한다면 본인이 노력하는 것에 대한 정확한 보상과 자발적인 노력, 단순한 업무라는 세 가지의 조건을 충족하게 된다. 그렇다면 이제 본격적으로 인생의 목표를 어떻게 세워야 하는지, 어떻게 세분화해야 하는지 살펴보도록 하자.

가장 먼저 본인의 꿈을 위한 기본적인 뼈대와 최종적인 꿈을 정해야 한다. 이때 유의할 점은 현재 본인의 상태를 감안해서 현실적으로 적는 것에 비중을 두지 말고 정말 이루고 싶은 것이 무엇인지, 어떤 삶을 살고 싶은지 적는 것이다. 그리고 그 꿈을 이루어가는 과정 속에서 어떤 사람들과 함께할 것인지, 조언을 받을 만한 사람은 누가 있는지, 그 사람을 어떻게 가까이할 수 있는지에 대한 방법도 함께 생각해봐야 한다.

예를 들어 K라는 대학생은 자신의 꿈에 대해 이렇게 이야기한다.

"부동산 법인에서 일을 하면서 모은 돈과 꾸준히 공부한 지식을 바탕으로 부동산 투자를 하고, 다달이 월세가 안정적으로 들어오게 만들 것이다. 어느 정도 투자에 대한 지식과 경험이 쌓이고, 부동산으로 안정적인 현금 흐름이 생기게 되면 조금 빨리 은퇴를 할 예정이다. 그 후에는 우리나라 직장인들이 돈 때문에 일하는 노예 같은 삶에서 벗어나 본인만의 멋있는 인생을 살 수 있도록 부동산 교육을 하는 것이 내 꿈이다."

이렇게 꿈에 대한 기본적인 뼈대를 정하고 나면 목표를 3~5년 단위로 좀 더 세분화하는 과정이 필요하다.

"2016년부터 2018년까지는 부동산 투자 고수들을 따라다니며 지식을 쌓고, 투자를 위한 자금을 최대한 많이 모을 것이다."

"2018년부터는 본격적인 투자를 시작하여 2022년까지는 다달이 300만 원 이상의 현금 흐름을 만들고 싶다."

"2022년 이후에는 조금 빨리 은퇴를 하고 부동산 투자 고수들을 분석해온 자료와 내가 직접 투자해본 경험을 통해 책을 내고, 직장인들을 대상으로 강의를 하고 싶다."

목표를 좀 더 세분화했다면 이제 본격적으로 올해, 매달, 매주할 일들을 정해야 한다. 이때부터는 좀 더 현실적이고 구체적인 목표를 잡는 것이 핵심이다. 또한 너무 많이 잡기보다 열 개 이내로 정하고 집중하는 것이 훨씬 효율적이다.

이렇게 쪼개고 쪼개다 보면 하루하루의 미션들을 자발적으로 본인에게 부여할 수 있다. 정해진 목표대로만 수행한다면 한 달

▼ 1년 목표 vs 1개월 목표

2016년 목표	1월 목표
1. 부동산 서적 10권 읽기 2. 부동산 고수 5명과 친분 쌓기 3. 2천만 원 모으기 4. 부동산 관련 강의 10개 이상 　수강하기	1. 부동산 서적 1권 읽기 2. 부동산 고수 10명 찾기 3. 100만 원 모으기 4. 부동산 관련 강의 20곳 분석 　하기

도 채 지나기 전에 엄청난 성취감을 느낄 수 있다. 이것들을 일주일, 한 달, 100일, 1년 동안 '하루도 빠짐없이' 수행해야 한다. 성공한 사람들이 태어날 때부터 특별한 사람이었던 것은 아니다. 그들의 성공 역시 이렇게 목표를 세분화하고 하루하루의 미션들을 수행해나간 결과일 뿐이다.

인생 계획을 세우는 것은 선택이 아닌 필수다. 자기만의 목표가 뚜렷하지 않다면 다른 사람에게 휩쓸리게 된다. 학생 시절에는 하루하루 공부 계획을 짜던 모범생들도 취업과 동시에 그만두는 경우가 허다하다. 굉장히 많은 사람들이 취업과 동시에 목표를 세분화하는 것을 그만두는 우를 범하고 있어 안타깝다. 다시 한 번 말하지만 취업이 인생의 목표가 되도록 자신을 내버려두지 않길 바란다.

주변 사람들이 나로 인해 변화하고 있다 | 나는 꿈을 이루기 위해 어떤 노력을 했는가? | 내 인생은 어떻게 변했는가?

5

만나는 사람을
바꾸고
내 주변은
이렇게 바뀌었다

주변 사람들이
나로 인해 변화하고 있다

원주에서 근무하고 있는 권민창이라는 친구는 진정한 나의 첫 팬이다. 공군항공과학고등학교 동기이기도 하고, 그중에서도 가장 끈끈한 모임인 SPAM에 같이 속해 있을 정도로 원래 친하기도 했던 친구다. 내가 2015년 말 연금형부동산연구소의 황준석 소장님을 만나고 《부의 추월차선》이라는 책을 처음 접했을 때 민창이는 제대를 위해 서울시 9급 공무원을 준비하고 있었다. 나는 민창이를 보며 진심으로 안타까운 마음이 들었다.

'왜 저런 똑똑한 머리로 안정적인 직장만을 선호하는 것일까?'

그래서 물었다.

"민창아, 굳이 9급 공무원을 직업으로 정한 이유가 뭐야?"

"나는 돈 욕심도 크게 없고, 결혼도 안 할 거야. 그냥 내가 하고 싶은 취미 정도만 꾸준히 할 수 있고, 대도시에 살면 그걸로 족해."

당시에는 전혀 이해가 되지 않았다.

'사람이 어떻게 돈 욕심이 없을 수가 있지? 그냥 뭔가 새로운 것에 도전하기 싫다는 핑계가 아닐까? 그리고 주말과 퇴근 후의 단 몇 시간을 위해 평일의 아홉 시간 이상을 그냥 버티겠다는 건가……'

이 말은 아직 아무것도 이룬 게 없는 나한테 듣는 것보다 성공한 저자의 말을 빌려 들려주는 것이 더 신빙성 있을 거라는 생각이 들었다.

"민창아, 내가 책 한 권 사줄게, 한번 읽어만 봐. 이번 주말에 서울 오지? 같이 서점에 가자."

그 책을 읽은 다음 날, 민창이는 공무원 시험을 접겠다고 했다. 그리고 내가 하려는 일을 무조건 같이 도와주겠다고 했다. 이후에도 많은 지인들에게 같은 책을 사줬지만 이런 반응을 보이는 사람은 손에 꼽을 정도였다.

그 뒤로 모두가 나에게 손가락질하고 무모하다, 미쳤다고 할 때마다 민창이는 유일한 내 말동무가 되어주고, 든든한 팬이 되어주었다. 버터플라이인베스트먼트의 110만 원짜리 멤버십에 가입할 때에도, 1,100만 원짜리 한국영업인협회의 강의를 수강할 때에도, 이영석 대표님에게 천만 원을 갖다 주었을 때에도 말이다.

"진짜 너는 무조건 성공할 것 같다. 내가 웬만하면 멋지다는 말 잘 안 하는데, 너는 대박인 것 같아."

진심을 담아 이런 말을 해준 친구는 당시에 민창이뿐이었다. 내가 슈퍼직장인 운동본부를 운영할 때 민창이는 아무리 피곤한 날에도 빠짐없이 카드뉴스를 올리고, 카페에 칼럼을 써주었다. 오죽하면 이런 생각까지 들게 하는 친구였다.

'모든 직원이 얘처럼 일하면 회사의 대표들은 정말 행복하겠다.'

슈퍼직장인 운동본부를 접고 난 이후 민창이는 독서에 모든 시간을 올인 하기 시작했다.

"민창아, 이왕이면 책 읽는 걸 너의 장점으로 삼아서 SNS에 계속 올려봐. 그게 쌓이면 나중에 너만의 무기가 될 거야."

민창이는 내 말대로 그것을 자신만의 무기로 삼기로 했다. 하루에 한 권씩 하루도 빼먹지 않고 책을 읽는 민창이를 볼 때마다 다시 한 번 감탄할 수밖에 없었다. 그렇게 책을 계속 읽던 민창이는 어느 날 한 단계 더 도약하고 싶다며 자신도 책을 써보겠다고 했다. 그리고 나와 같은 날, 책 출판을 계약했다. 우리는 아직도 만나면 이런 이야기를 하곤 한다.

"현우야, 진짜 고맙다. 너 때문에 인생이 바뀌었어. 진짜 하루 하루가 너무 행복하다."

"난 방향만 알려줬을 뿐이야. 알려줘도 못하는 사람이 수두룩한데 네가 열심히 하고 잘한 거야. 앞으로 우리의 미래가 너무 기대된다. 우리 즐겁게 살자."

2016년 4월쯤, 같은 부대에서 근무하는 윤재승이라는 후배가 나를 찾아왔다. 매일 출근을 같이 하는 정도의 사이였는데, 대화를 할 때마다 생각이 트인 친구 같다는 느낌이 들었다. 그때는 내가 한창 사람들의 꿈에 대해 물어보고 다닐 때라 재승이에게도 제대하고 무슨 일을 할 계획인지 물어보았다.

"아직 못 정했습니다. 비행기 조종사에 도전해볼까 생각하다가 지금은 제대 후에 독일로 가서 호텔 일을 배워볼 생각입니다."

그런 대화를 해가면서 어느새 우리는 꽤 깊은 이야기까지 하게 되었다. 부대에서 이미지가 썩 좋은 친구는 아니었지만, 내 눈에는 오히려 주관이 뚜렷하고 자기관리가 철저해 보여서 마음에 들었다. 민창이와 마찬가지로 이번에도 역시 나는 책을 몇 권 빌려주었다. 그러고 나서 며칠 후 후배가 갑자기 나를 불러 세웠다.

"저, 조 소위님한테 좀 배우고 싶습니다. 원래 계획했던 꿈들이 의미가 없어졌습니다. 3년 동안 돈 한 푼 안 받아도 좋으니 제자로 받아주십쇼."

나는 당연히 승낙했다. 지금이라면 꽤 신중하게 고민할 테지만 그때는 사람에 대한 책임감보다 누군가가 나를 필요로 한다는 것 자체가 중요했다.

재승이와 더 가까워진 이후로 느낀 점은 습득력이 굉장히 빠르다는 것이었다. 처음에는 무슨 일을 시켜도 답답했다. 글을 잘 쓰는 것도 아니고, 센스가 있는 것도 아니었다. 대신 본인이 잘할 수 있는 것을 확실히 알고 있었다. 내가 이영석 대표님에게 천만 원짜리를 드렸던 것처럼 본인도 그렇게 하겠다며 밥을 먹을 때마다 자신이 계산하기도 하고, 슈퍼직장인 운동본부를 위해 오피스텔을 구할 때에도 보증금을 자신이 다 내겠다고 했다. 뿐만 아니라 영상을 위한 소품까지 제공해주었다. 이러니 어떻게 마음에 안 들 수 있었겠는가. 심지어 친구들이 이런 말을 할 정도였다.

"왜 이렇게 후배를 이용해먹냐, 너무하네."

솔직히 말하자면 처음에는 재승이에 대한 책임감이 그렇게 크지 않았다. 결국 본인이 열심히 해야 하는 것이고, 나에게 조언을 구할 때 '나라면 이렇게 했을 거야' 정도의 말만 해줄 계획이었다. 그런데 지금은 상황이 완전히 달라졌다. 이제 재승이는 민창이만큼이나 나에게 엄청 큰 힘이 되어주는 친구다.

"형, 나는 솔직히 지금 너무 행복해. 형 덕분에 이렇게 살 수 있게 돼서 너무 고맙고."

동기 부여가를 꿈꾸는 나에게 이런 말을 해주는 건 열정에 불을 붙여주는 일이다.

이 책을 쓰는 지금, 재승이와 같이 살게 된 지 5개월이 지났다. 밤 10시만 되면 꼬박꼬박 졸던 애가 이제는 나와 같이 새벽까지 책을 읽다가 잔다. 하루가 다르게 성장하는 모습을 옆에서 볼 때마다 내 꿈을 정말 잘 정했다는 생각이 든다.

요즘은 이 외에도 갑자기 찾아와 조언을 구하는 친구들이 많이 생겼다. 너무나 감사하고 행복한 일이다. 만약 이 책을 읽고 나를 만나고 싶은 분들이 있다면 시간이 되는 한 얼마든지 환영이다. 아직 훌륭한 조언을 할 정도로 성공하지 못하긴 했지만 이것 하나만은 확실히 말해줄 수 있다.

"지금 만나는 사람을 바꿔야 인생이 바뀝니다."

나는 꿈을 이루기 위해 어떤 노력을 했는가?

'세계 최고의 동기 부여가'라는 꽤나 거창한 꿈이 생긴 이후 나는 어떤 일들을 해내가야 할지 목표를 세분화하기로 했다. 그러기 위해서는 롤모델이 필요했다. 나와 같은 꿈을 먼저 이루어낸 사람.

책과 인터넷을 뒤져보니 몇 명의 후보가 좁혀졌다. 그중에서도 내가 추구하고자 하는 스타일은 《골든 티켓》, 《메신저가 되라》 등의 저자 브렌든 버처드와 《네 안에 잠든 거인을 깨워라》의 저자 토니 라빈스에 가까웠다. 이 두 명의 강연 콘텐츠는 묘하게 조금씩 달랐지만, 매 강연마다 열정이 넘친다는 점에서 겹치는 부분이 많았다.

나는 이들을 조금씩 분석해보기 시작했다. 가장 먼저 찾은 것은, 본인들만의 확실한 프로그램이 있다는 것이었다. 이들은 전 세계에 있는 사람들을 모아서 세미나 형식으로 몇 박 며칠의 트레이닝을 하고, 짧은 동영상 콘텐츠를 만들어서 무료로 배포하거나 정식 강연을 녹화해서 판매하고 있었다.

결정적으로 그들이 동기 부여 강사로 유명세를 타기 시작한 것은 책이 베스트셀러가 되면서부터였다. 나는 군인의 신분으로 영리 행위에 제약을 받기 때문에 수익을 낼 수는 없었기에 지금 상황에서 해야 할 일들을 머릿속으로 정리하기 시작했다.

1. 콘텐츠를 무료로 배포하면서 사람들에게 나를 알린다. 그로 인해 강사로 초대하게끔 한다.
2. 여태까지 배운 것들을 한 권으로 정리하여 책을 출간한다.
3. 출판 이후 가능한 많은 강연을 다니면서 경험과 콘텐츠를 다진다.
4. 강연을 다니고 사람들을 만나면서 새로 배우고 경험한 것들을 제대할 시점에 맞춰 정리하여 책을 다시 한 번 출간한다.
5. 교육 프로그램을 만들어서 주기적으로 사람들을 모은다.

이후에도 세부적인 계획이 있지만, 군대에서 준비할 내용은 이 정도로 좁혀졌다. 계획대로라면 순조롭게 착착 진행될 것만 같았다. 하지만 역시 생각보다 쉽지 않았다. 콘텐츠를 만드는 것부터가 고비였다.

가장 먼저 추진했던 콘텐츠는 슈퍼직장인 운동본부라는 직장인 자기계발·대인관계 코칭이었는데, 처음에는 영상을 만들 여력이 되지 않아 카드뉴스로 시작했다. '열정에 기름 붓기'라는 페이스북 페이지를 참고해가며 우리만의 새로운 콘셉트로 제작했다. 약 한 달간은 정말 침체기였다. 퇴근하고 나서 새벽까지 만든 카드뉴스였음에도 사람들의 반응이 전혀 없었다.

"아직 팔로워가 얼마 없어서 그래. 조금만 더 참고 계속 올려보자."

같이 하는 친구들을 다독여가며 꾸준히 카드뉴스를 올리던 끝에 결국 한 개의 잭팟이 터졌다. '그냥 군인이나 해'라는 제목으로, 부모님과 주변의 반대에도 불구하고 안정적인 직장에서 나와 행복하게 꿈을 좇으며 살겠다는 선전포고를 담은 내용이었다. '좋아요', 공유의 수가 끊임없이 늘어나는 것을 보며 말로다 표현할 수 없을 정도로 행복했다.

"진짜 너무 공감 가네요. 좋은 콘텐츠 만들어주셔서 감사합니다."

"제 주변 사람들한테 보여주고 싶네요. 공유합니다."

이런 댓글은 지쳐 있던 우리에게 힘을 주는 단비와 같았다. 이후로 올리는 카드뉴스의 반응도 상당히 좋았다. '괜찮은 페이지다'라는 인식이 박혀서 사람들의 유입이 늘어났는지, 아니면 각각의 콘텐츠가 좋아서였는지 정확히는 잘 모르겠다. 어쨌거나 우리는 여기에서 힘을 얻어 이번에는 영상 콘텐츠에 도전하기로 했다.

모든 인간의 고민과 스트레스는 결국 대인관계에서 온다고 생각했기 때문에 콘셉트를 '직장인들의 생활과 인간관계'로 잡기로 했다. SNS에 올려서 사람들의 반응을 얻으려면 단순히 좋은 의미만 가지는 것으로는 부족했다. 재미가 있어야 했다.

결국 내가 선택한 것은 〈무한도전〉의 '무한상사' 따라잡기였다. 대여섯 명 정도를 모아서 실제 회사처럼 각자의 직책, 성격, 말투, 업무 스타일 등을 정해주고 그 속에서 일어나는 다양한 에피소드를 영상으로 촬영할 계획이었다. 이렇게 하기 위해서는 촬영할 스튜디오와 장비, 무엇보다 출연할 사람이 필요했다. 지금 생각하면 정말 어떻게 해냈나 싶을 정도로 막막한 상황이었다.

고민 끝에 같이 작업하는 후배와 밖에 숙소를 얻어 살림을 합치기로 했다. 오피스텔에 방을 얻어 사무실처럼 소품을 꾸며놓고, 집 자체를 사무실로 쓸 계획이었다. 이 과정에서 꽤 많은 돈이 깨졌지만 우리는 항상 웃고 다녔다. 태어나서 처음 해보는 이 모든 과정이 상상 이상으로 즐거웠다. 소품을 준비하고 일단 영상은 핸드폰으로 찍기로 하고, 무작정 친구들을 집으로 초대했다.

"세찬아, 집들이 한번 와라. 아무것도 안 사와도 돼. 그냥 와서 뭐 좀 도와줘."

"도현아, 오늘 퇴근하고 뭐 하노. 놀러와. 잠깐만 도와주면 돼. 밥은 우리가 살게."

"세웅아, 치킨 사줄게. 잠깐 우리 집 와서 일 좀 도와줘."

막무가내로 일단 불러서 찍고 보자는 생각이었다. 이들이 집으로 오면 미리 써두었던 대본을 주고 바로 영상 촬영에 들어갔다. 이런 식으로 촬영한 영상이 수십 개는 된다. 그런데 안타깝게도 영상 편집 기술이나 연기 실력의 부족을 떠나서 사람들은 우리의 콘텐츠에 전혀 관심이 없는 듯했다. 자기계발 페이지를 만들어놓고 재미만 유발하는 영상을 만들려고 하고, 명확한 해결책을 제시해주지 못했던 점이 우리의 한계였다. 인간관계에 관한 책을 아무리 읽어봐도 어떤 상황에 대한 정답은 없었다.

결국 우리는 상의 끝에 교육 콘텐츠 만드는 일을 그만두기로 결정했다. 다시 고민이었다. 애초에 콘텐츠를 만들어서 우리에게 강연 요청이 들어오게끔 하는 것이 목표였는데 그 상황에서는 불가능한 일이었다. 우리는 다시 각자 자기계발의 시간을 보내기로 했다.

막막해하던 와중에 지인의 초대로 《생각의 비밀》의 저자이자 스노우폭스의 김승호 회장님 강연을 듣게 되었다. 강연 스킬 자체가 뛰어난 분이 아닌데도, 얼마나 말을 흡인력 있게 잘하시는지 두 시간이 20분도 안 되게 느껴질 정도였다. 다행히 강의 내용 중에 당시 내 상황에 바로 대입할 수 있는 것이 있었다.

"본인의 꿈이 있긴 한데 막막할 때에는 그 꿈을 하루에 100번씩 100일 동안 적어보세요. 어떻게든 이루는 방법을 찾게 될 겁니다."

나는 집에 가자마자 '세계 최고의 강연자'라는 꿈을 무작정 적어내려가기 시작했다. 다 쓰고 나니 이상하게 기분이 묘했다. 지금 당장은 아무것도 할 수 없지만 그냥 무작정 될 것만 같은 느낌이 들었다. 우연이라고 말할 수 있을지 모르겠지만, 이때를 기점으로 갑자기 강연 요청이 들어오기 시작했다. 원래의 계획대로라면 콘텐츠를 통해 나를 알리고 강연을 하는 게 목표였지만, 모로 가도 서울로 가면 되었다.

그런 기회가 자주 있는 것은 아니지만 부끄러운 강연을 하지 않기 위해 나는 최대한 다양한 사람들을 만난다. 책에서 저자들을 만나고, 유튜브로 다양한 분야의 강연을 듣고, 실제로 그런 분들을 만나 조언을 얻기도 한다. 세계 최고의 강연자라는 백백

드림을 다 쓰고 나서 지금은 '2016년 책 출판'이라는 새로운 목표를 적어나가고 있다. 역시 이 때문일까? 지난달 책 출판 계약을 했다. 그것도 2016년 12월 31일 전에 출간하는 것을 조건으로. 이 책의 판권에 첫 발행일자가 2016년으로 되어 있다면 성공한 것으로 봐도 좋다.

나는 하루하루 정말 행복하게 잘 살고 있다. 2017년의 목표는 저자로서 수많은 강연들을 하러 다니며 새로운 경험과 실력을 쌓고 '꼴통쇼', '세상을 바꾸는 시간 15분' 등을 포함한 각종 교육 프로그램에 출연하는 것이다. 또한 세계 최고라는 말에 걸맞게 여태까지 멀리했던 영어를 배우고, 사람들의 심리와 기업들의 문화를 보다 전문적으로 이해하기 위해 끊임없이 공부를 지속할 계획이다. 내 삶의 방식이 절대 정답은 아니다. 다만 여러분도 나처럼 꿈을 가지고 하루하루 설레는 삶을 살아가기를 진심으로 바랄 뿐이다.

내 인생은
어떻게 변했는가?

"사장님, 정말 대단하신 것 같아요. 제가 그 나이 때에는 그저 놀기에 바빴는데……. 혹시 시간 괜찮으시면 저희 모임에 와서 이야기 좀 해주실 수 있으세요?"

많은 사람들이 모인 자리는 아니었지만 내 이야기를 듣고 싶다는 사람들이 하나둘씩 생겨나기 시작했다. 책을 낸 것도 아니고, TV에 출연한 적도 없는데 말이다. 그러다 보니 내가 어떤 삶을 살아왔고, 어떻게 살고 있는지 옆에서 지켜보고 있는 지인들을 통해 대부분 강연 요청이 들어왔다. 부산·경남의 대학생 강연기획단에서 연락이 오기도 했고, 자기계발 관련 스터디를 하는 모임에서 연락이 오기도 했다.

가장 인상 깊었던 것은 스피치 학원에서 했던 강연이었다. 평소 발성과 발음에 대해 지적을 많이 받았던 터라 스피치 학원을 다니고 있었는데, 그날은 마침 OBM 스피치아카데미의 김효석 대표님 강의가 있는 날이었다. 수강생이 나 혼자가 아니기 때문에 약 5분에서 10분 정도씩 스피치를 하고 대표님이 피드백을 해주고 있었다. 그리고 내 순서가 왔다.

"안녕하세요, 반갑습니다. 조현우입니다. 오늘 제가 사실 정장을 입고 와서 대표님께 깔끔한 첫인상을 새겨드리고 싶었는데 안타깝게도 딱 하나 있는 정장을 수선 맡겨서…, 양해 부탁드립니다. 자, 오늘 제가 말씀드릴 주제는요, '만나는 사람을 바꿔야 인생이 바뀐다' 입니다……."

이렇게 시작된 스피치는 어느새 한 시간짜리 강연이 되었다. 내가 왜 동기 부여가를 꿈으로 삼게 되었는지, 어떤 생각을 가지고 살아왔는지에 대해 끊임없이 이야기를 풀어나갔다. 물론 준비했던 내용도 아니고, 연습을 해본 적도 없었다. 감사하게도, 아무도 내 이야기를 중간에 끊지 않고 끝까지 좋은 반응을 보이며 들어주었다. 심지어 대표님은 내 이야기를 다 듣고 나서 약간의 피드백과 함께 이런 말씀을 해주셨다.

"너무 좋아요. 표정도 좋고, 나무랄 데가 없네요. 구성만 좀 정리하면 현우 씨는 훌륭한 강사가 될 가능성이 충분합니다."

얼마나 기분이 좋았는지 모른다. 강연에 있어 전문가라는 분이 이렇게 칭찬을 해주시다니. 수업이 끝나고 나서는 나의 이야기를 녹음한 파일과 함께 페이스북에 이런 글을 올려주셨다.

"오늘 스피치 수업 중에 조현우 님이라는 분의 발표를 듣고 혼자 듣기 아까워서 링크합니다. 이보다 더 감동적인 동기 부여 강의는 당분간 없을 것 같습니다."

준비도, 연습도 안 한 강의를 사람들이 듣게 되다니 부끄러웠지만, 그 후로 갑자기 몇몇 사람들에게서 연락이 오기 시작했다.

"안녕하세요, 페이스북에서 우연히 강의를 듣게 되었는데 너무 감명 깊어서 연락드렸습니다. 혹시 시간 괜찮으시다면 제가 식사 한번 대접해드려도 괜찮을까요?"

"저희는 중·고등학생들을 대상으로 꿈을 심어주기 위한 강연을 추진하는 교육사업체입니다. 혹시 재능기부로 강연을 부탁드려도 될까요?

"현우야, 페이스북에서 강의하는 거 들었어. 너무 감동이다. 삶에 대해서 다시 생각해보게 된 것 같아. 고맙다."

이게 꿈인가 싶었다. 그토록 강연을 하고 싶었는데 불러주는 사람도, 찾아갈 곳도 없었던 불과 몇 달 전에 비하면 눈에 띄게 달라진 현재였다. 실제로 몇 분을 만나 강의 제안을 받았는데 그 상황이 너무 행복해서 실감이 나지 않았다.

"현우 씨, 책이 출간되면 지금보다 훨씬 바빠지실 텐데 그전에 강의 한 번만 해주실 수 있나요?"

이런 이야기를 들을 때마다 나의 내년이 너무도 기대된다. 물론 크게 달라지지 않을 수도, 예상치 못한 이유로 지금보다 못한 상황이 될 수도 있다. 하지만 그 상황조차 나를 성장시킬 것을 안다. 고비를 넘길 때 사람이 가장 행복해진다는 것을 이제나는 너무나 잘 안다. 가끔 가장 친한 친구들에게 이런 말을 해줄 때가 있다.

"무슨 일이든지 포기하면 편해. 근데 있잖아. 이건 알아야 돼. 원래 안정적이라는 말이 행복을 느낀다는 뜻이 아니라 고통을 안 느끼는 상태라는 뜻이거든. 그래서 욕심이 없으면 고통도 없다고 하잖아."

"근데 사람이 욕심 없이 살 수가 있어?"

"그래서 세상에 불행한 사람들이 많은 거야. 고통이 없고 삶이 평온한 사람은 그 여유로움에 잠시 행복을 느낄 수 있어. 하지만 장기적으로 보면 행복하기 힘들지. 근육통이 있어야 근육이 자라고, 머리가 아파야 지식이 쌓이는 법이거든. 고통이 없다는 건 삶에 발전이 없다는 뜻이잖아. 사람은 누구나 지금보다 나은 미래를 기대할 때 행복해지는데, 현재를 안정적으로 살려고 하면 더 나은 미래를 기대할 수 있을 리가 없어. 내 생각은 그래."

"에휴, 모르겠다. 근데 세상은 안정적인 삶을 권유하잖아. 새로운 걸 도전하려고 하면 주변에서 다들 반대하던데."

"맞아, 현실적으로 CF에서 나왔던 것처럼 모두가 'YES'라고 할 때 혼자 'NO'라고 하는 사람이 멋있다는 분위기는 아니지. 근데 다행인 건, 꼭 그렇게 해야 성공하는 건 아냐. 어디서든 인정받으면서 잘되는 사람들을 보면, 'YES'라고 말하는 집단에서 더 크게 압도적으로 'YES'를 외치는 사람이더라고. 아니면 사람들에게 'YES'를 같이 외치도록 만드는 사람이던가."

"그러면 내가 하기 싫은 일이어도 일단 크게 'YES'를 외치라는 거야?"

"아니지, 네가 하고 싶은 일을 'YES'라고 외치는 집단으로 옮겨 가야지. 일단 너와 가치관이 맞는 사람들이 있는 곳으로 가서, 그중에서 독보적으로 'YES'를 외치는 사람이 되었을 때 인생이 조금씩 달라지기 시작할 거야."

현명한 독자들이라면 이해했으리라 믿는다, 내가 이 책에서 무엇을 말하고자 하는지. 우리가 정말 원하는 삶을 살기 위해서는 주변 환경과 만나는 사람을 바꾸어야 한다. 우리의 꿈을 진심으로 응원해주고 지지해줄 수 있는 사람들로 말이다. 주변에 있는 모두가 당신의 꿈을 응원해주는 것만으로도 미래에 대한 확신이 생기게 될 것이다. 확신이 생긴다면 앞으로 우리는 실패에 대해 생각할 필요가 없어진다.

마지막으로 이 책을 다 읽은 자신에게 한번 물어보자.

"만약 어떤 일을 시작해도 절대 실패하지 않는다고 가정하면,
그래도 나는 지금 하는 일을 계속 할 것인가?"

만나는 사람을 바꿔야 인생이 바뀐다

1판 1쇄 펴낸날 2016년 12월 31일
1판 2쇄 펴낸날 2017년 3월 2일

지은이 ㅣ 조현우
펴낸이 ㅣ 나성원
펴낸곳 ㅣ 나비의활주로

책임편집 ㅣ 권영선
표지 디자인 ㅣ ALL DESIGN GROUP
본문 디자인 ㅣ 나준희

주소 ㅣ 서울시 강북구 삼양로85길 36
전화 ㅣ 070-7643-7272
팩스 ㅣ 02-6499-0595
전자우편 ㅣ butterflyrun@naver.com
출판등록 ㅣ 제2010-000138호

ISBN 978-89-97234-90-5 03320